YaYa！
歩くオヂさん

祖母・傾・大崩山
～悠久の森を歩こう～

齋藤義信
Yoshinobu Saito

もくじ

はしがき

久しぶりにバイクを買った。

子供達にも手が掛からなくって、カミさんの手綱が緩んだのをこれ幸いと、長年にわたるつましいヘソクリをはたいて中型バイクを購入したのだ。

私は熱狂的なバイク好きというわけではないが、学生時代はバイクの黄金期だったこともあり、過去には大排気量のレーサーレプリカから本格トライアルモデルまで、大小さまざまなバイクに乗っていた。

少し寂しいけれど、最近感じるようになった体力の衰えや反射神経の鈍さ加減を考慮して、今回は体力的にも経済的にもおとなしい選択をしたつもり。考えた末に選んだのは、最近よく見かけるようになった豪奢なアメリカンでも、ヨーロッパ生まれの高価なオフロード車でもなく、軽量でシンプルな、どこにでもあるような国産のロードバイク。

今の私でも、無理さえしなければ林道くらいは楽しめるだろうと考えての選択で、あとは昔取った杵柄しだいというわけだ。

買ったばかりのバイクが嬉しくて、地元大分の山道を徘徊しているうちに、やがて興味は山の奥へ奥へと向かっていく。しかも、ミヤマキリシマなどの花に覆われ、全国的にも知名度のあるくじゅうの山々ではなく、明らかにマイナーで、下手をすると地元大分や宮崎の人でさえ知らないような祖母・傾・大崩山系の深い森に魅せられて、あちこちの山の中を歩きまわるように……。

そんな他人にはどうでもいいような経緯と、ほぼ大分限定のローカルな内容で、すべてに初心者丸出しの紀行文に赤面するような気分だが、もしも、大分と宮崎の素晴らしく美しい山々の様子や、自然の森を歩くことの楽しさを、ひとりでも多くの人に伝えることが出来るとすれば、これほど嬉しいことはない。

大分県の国立・国定公園

福岡県
邪馬日田英彦山国定公園
別府市
由布岳
阿蘇くじゅう
国立公園
大分市
三俣山
久住山
大船山
臼杵市
日豊海岸国定公園
竹田市
豊後大野市
佐伯市
祖母山
傾山
阿蘇山
大崩山
熊本県
祖母傾国定公園
祖母・傾・大崩
ユネスコエコパーク
延岡市
宮崎県

祖母・傾・大崩山縦走路図

幵健男社
障子岩
大障子岩
八丁越
奥岳川
宮原
祖母山
傾山
笠松山
九折越
杉ヶ越
障子岳
本谷山
尾平越
古祖母山
新百姓山
藤川内渓谷
夏木山
五葉岳
お化粧山
お姫山
乙女山
鹿納山
祝子川
大崩山
N

Prologue

傾山《かたむきさん》の佐伯市宇目側の登山口である払鳥屋《はらいとや》登山口に、1ケ月前に購入したばかりのバイクで行ってみた。秋の紅葉を探しての林道ツーリングが目的だったが、今まで意識すらしたことのなかった登山口の標識や登山届箱を初めて間近で見て、なにか不思議な感じだった。

二十数年ぶりのリターンライダーにとっては、ただただ、バイクで走りまわれることだけで最高に嬉しいのだが、目の前の沢を渡り、その向こうの急斜面を這い登ることに、今の自分と同じような喜びや楽しさを感じる人たちもいるのかと思うと妙な気分だ。ほぼ同じ場所にいるのに、自然の中で遊ぶときのスタンスが明らかに私とは違う。

試しにバイクを降りて、沢の流れに触れようと濡れた石に足を置いたとたん、危うく転倒しそうになった。濡れて苔むした石は想像以上に滑りやすい。登山靴でなかったからかも知れないが、バイク乗りが歩きで転倒したのではかっこ悪いよな。

帰る途中に、そびえ立つ山々を横目で見上げながら、私もそのうち一度くらいは登ってみてもいいかなと思った。

～翌週の日曜日～

先週に引き続き、バイクで山深い田舎道と林道の探索に出かける。

祖母山《そぼさん》嶺、奥岳《おくだけ》川周辺の林道をとりあえず走りまわるのだが、方角やどこに出るかさえも判らないまま、とにかく行けるところまで行ってみる。

ただこのバイク、外観はなんとなく不整地も走れるスクランブラーの雰囲気を出してはいるものの、所詮はロードバイクだ。気分はトライアルをしているようなつもりになっているのだが限界もあって、もうちょっと進みたいと思っても入っていけないところも多く、進んだり引き返したりしてもどかしい。

それでも、落石や崩落だらけの林道のあちらこちらに滝と言ってもよさそうな落水場所があり、霧状になった水しぶきが爽快で、すぐ下から見上げるとなかなか壮観だ。

ふと滝の脇に目をやると、見慣れない植物がある。苔むした岩の間から、生け花などにも使うセンリョウに似た艶のある葉が1枚だけ生えている。ツヤツヤした表面と1枚きりの葉っぱというところがとても興味を引き、帰宅して調べたらイワタバコという植物だとわかった。

清涼な場所の岩はだなどに生え、イワチシャとも呼ぶ美味しい山菜らしい。夏に紅紫色の可愛らしい花を付けるそうだ。

まあ、花にはあまり興味はないけれど、山菜としてはぜひ一度食べてみたいものだ。今度見つけたら少し摘んで帰ろう。

自宅のあるあたりとここの標高差は５００ｍくらいだろうか。環境はたいして変わらないと思うが、植物にとっては大きな違いなのかもしれない。とすると、祖母山や傾山の山頂などはどんな感じなのだろう。

来春にでも登ってみようか。

追記

その後も、雪が降りだす12月の始め頃まで、ほぼ毎週のようにバイクで出かけては、林道探索を続けた。おかげで、祖母〜傾山の全ての登山口を確認できて、そんなつもりは無かったのに、登山に向けての下見は完璧だ。そして気がつけば、部屋には『岳人』だの『山と渓谷』だの、さらに『大分県の山』や『宮崎県の山』などという本が散乱するようになり、壁にはザックが、玄関には登山靴が、そしてあろうことか2万円以上する驚異的な値段のカッパが、カミさんの目を忍んで押し入れに入っている始末なのだった。

初めての登山　傾山

今日は運動会か遠足の日の子供のように、夜明け前からソワソワしていた。

山歩きを趣味のひとつにしている友人に以前から同行をお願いしていたのだが、なかなか機会を得ず、自分なりに準備をして、標高１６０５ｍの傾山にひとりで登ってみることにした。

大分と宮崎の山のガイド本で調べた一番楽なコースが、宮崎県の見立《みたて》渓谷から黒仁田《くろにた》林道をバイクで遡上し、ほぼ行き止まりにある登山口から登るというコースだ。他のコースはどれも往復で5～9時間かかるところが、なんと3時間と15分で行けるという。日頃これといった運動をしていない四十路半ばのオヤジにしてみれば、半額引きのバーゲンプライス！　しかも結構な距離をバイクで堪能できそうだし、とても楽しみだ。

朝早いのは得意なので、まだ薄暗いうちに自宅を出発。予想外に寒く、日が昇るまではまだまだ風は冷たい。

国道３２６号線を南に下り、途中から日之影町方面へと向かう。狭く見とおしの悪い谷川添いの道を抜けると少しきつめの上り坂が続き、やがて右手前方に急峻な山並みが見えてくる。どれがなんという山なのかさっぱりわからないけれど、「あんな感じの山にこれから一人で登るのか……」と想像したら、だんだんと緊張してくるなぁ。

初めて登る山の様子をあれこれ想像しているうちに、宮崎県との県境にある杉ヶ越トンネルが見えてきた。

日之影《ひのかげ》町側のトンネル出口が傾山の杉ヶ越《すぎがごし》コースの入り口になるらしいのだが、ここから登るルートは数ある傾山の登山コースの中でも、特に険しく上級者向きだとガイド本には書いてあった。いったいどんな感じなのかとバイクを降りて近づくと、なにやら看板が設置してある。

当局によるものらしく、「ここから登るのは危険なので、安易な考えで入山してくれるな。特に初心者は見立から登りなさい」との旨。

言われなくてもそうするつもりだけど、そんなに大変なのか……。

道はこのトンネルがピークで、あとは見立渓谷までずっと下りだ。渓谷添いに降りて行くとすぐに黒仁田林道の入り口が現れた。本道から逸れて支谷沿いに道なりに進むが、山の奥深くに入っていく感じに心が躍る。この林道は未舗装林道としてはよく整備されているのに、適度にガレていてバイク乗りには思いのほか楽しい。しばらく行くと、路肩に何台かの乗用車が止めてあり、登山口が近いことを教えてくれた。

　早朝にもかかわらず、そこには20人ほどの登山者がいた。若い人もいたが、ほとんどが私の親ほどの大先輩達だ。いろんな人に、傾山は標高のわりに手ごわいと聞いていたし、先ほどの看板の件もあったので、彼らのこなれた装備と、力の抜けた会話がとても不思議な感じだ。

　登山口に駐車しているクルマはさすがに四駆のワゴン車タイプが多く、ほとんどの人が同じ場所に駐車している。バイクだとまだまだ先まで行けそうなので、多少人目が気になるけれど、行けるところまで行ってみる。

　少し進むと、そこから３００ｍくらいのところに一台のジムニーが止めてある。飾り気のないクルマだが、よく見ると若干のリフトアップをしているし、オイルパンとデフの下には金属製の保護板を取り付けてある。おまけにテッチンホイールだよ。

　自分の必要な道具に、必要最低限のカスタマイズが潔く、これ見よがしでない硬派な感じがとても好印象だ。私もそのうち、こんなクルマを趣味のためのセカンドカーにしたいものだな。

　さて、いよいよ登山開始だ。20ℓのザックに、飲料水と非常食、雨具と薄手の防寒着を詰め込んで背負う。

歩き始めてすぐに急な登り坂になるが、さすがにメジャーなコースだけあって踏み跡がしっかりついており、初心者にも歩きやすくてありがたい。

20分ちょっとで、割となだらかな樹林帯に入った。ところどころにある赤テープの目印を追って行くのだが、他人の付けた目印を探して、山の中を歩くという行為がとても新鮮で、わくわくする。子供のころにやったオリエンテーリングを思い出して、童心にかえったような気分で登っていると、突然視界が開けてとても広々とした場所に出た。

いかにも山の標識らしい佇まいの道標と、あたり一面に広がる苔の真緑の絨毯が、日常とは一線を画す風景だ。ここは九折越《つづらごえ》というところらしいが、山に登ると言えば自宅近くの山林しか知らない私は、大きな山の尾根はこんなにも広いものかと感動した。

見慣れない風景にしばし見とれていると、右方向から同年代くらいの男性が現れて、私がたった今登ってきた道をさっさと降りて行く。小さなザックしか持っていなかったし、山中に泊まっていたわけでもなさそうなのだか、まだ9時になったばかりだというのにどういうことだろう。

いよいよ傾山を目指し、東に向かって歩きだす。いきなり結構な斜面を這い上るようなイメージだったのだが、想像に反して緩やかな登り道がだらだらと続く。ところどころ尾根道の中央部が水流で大きく窪んでいるが、歩くのにはそれほど苦にならない。

進むにつれてだんだんと傾斜もそれらしくなってきて、運動不足の身には応えるけれど、標高を教えてくれる標識が嬉しくてなによりもの応援だ。

１３００ｍを過ぎてしばらくすると、めざす傾山の山頂が見えてきた。鬼の角のようにそそり立つ２つの岩峰を目の当たりにして、正直なところその迫力にビックリだ。もちろん事前にガイド本で写真は見てはいるが、いざ実物を目の前にすると、私のような登山初心者にとっては、「ホントにあんなもん、登れるんか?」って感じだ。

本気で少しビビっていたが、今朝の登山口で会った大先輩方のリラックスした様子を思い出し、彼らが大丈夫なのだから、自分でもなんとかなるだろうと気を取り直して先に進む。

徐々に傾斜はきつくなり、１４００ｍを過ぎると足元が岩ばかりになってきた。ところどころにロープや鎖が設置されているものの、申し訳ないが何となく信頼できないような気がして、なるべく頼らずに這いつくばるようにして登る。

１５００ｍを超えてさらに行くと、なんとか山頂らしきところに出たものの、谷を挟んだ向こう側にも山頂らしきものが見える。ここでも十分凄い眺めなのだが、ここは三角点のある山頂ではなく、その手前の後傾《うしろかたむき》と呼ばれる場所だとわかった。

しかし、ここまでくればあと少しだろう。慎重に踏み跡なりに進んでいくのだが、鬼の角のような2つの山頂を渡り歩くわけだから、当然だんだん下りになる。わかってはいても、せっかく苦労して登ってきたのになんだか損をしている気分になりながら、間もなく他のコースと交わって再び登りだ。

はやる気持ちを抑えきれず、駆け上がるように登り詰める。


標高1605m　傾山、山頂だ。

折り重なるように群れ立つ巨大な岩石。

まるで高名な日本庭園の職人がお金に糸目をつけず、練り上げた理想を具現化したかのような造形と配色。そして、職人が考えに考え抜いた上で、配置したかのような木々と大岩の絶妙なバランス。そして、眼下に広がる言わずもがなの絶景。

「なるほど、これはハマる」と感じた。

山頂には私と同年代くらいのご夫妻がいて、湯を沸かしてコーヒーを入れているところだった。聞けば、お二人であの、当局の看板があった杉ヶ越コースを攻略したとのことだ。男性はともかく、女性でもスキルと体力があれば大丈夫なのだと知り、自分にもチャンスはありそうな気がして嬉しくなった。

しばらくすると、4人のグループが到着。おもむろに何やら筒状のものを取り出して、食事の用意を始めた。聞くと、彼らのうちの一人が自衛隊員らしく、筒状のものは実は官給品とのことで、水を入れると中で暖かい雑炊のようなものが出来るらしい。ちなみに、その自衛隊員は、地下足袋をはき、「山ではこれがイチバンだ」と言っていた。

山頂付近にあり、黄色い花を付けているツツジのような肌をした木はマンサクというらしい。先端部の巨石の上で、昼食をとっていた御仁が教えてくれた。

彼は年に数回この場所に立つそうで「春は空が霞んで、あまり遠くまでは見えない事が多いけれど、今日は良い方だ。」と、遠くを指さしながら言った。確かにいくらかモヤってはいるが、ギザギザした豊後大野市側の尾根がハッキリ見える。さらに、彼の指さす西側の遥か遠方には、祖母山らしき姿もうっすらと望める。

いくら居ても飽きないが、後から登ってくる人たちで混雑してきたし、身体も冷えてきたので、名残惜しいが下山することにした。

下りはただひたすら往路を引き返すだけなのだが、これが結構きつい。靴が小さいのか、特に爪先が痛くて閉口した。なんとか九折越までたどり着いて、一休みしようと腰を下ろして靴を脱いだとたん、内腿がつった。経験のある方はご存知だと思うが、それはもう、七転八倒の苦しみだ。幸いにもまわりに人がいなかったので良かったが、とんだ醜態を晒すところだった。

なんとか脚も回復して、無事に登山口までたどり着く。最後になって情けないアクシデントもあったが、初登山にしては上手くいったのかな。歩行時間は4時間くらいだが、とても充実感があり何ともいえない達成感が心地よい。ひとりで登るということも適度に緊張感があって、私の性に合っているのかもしれない。

バイクで登山口まで行って、サッとひとりで登るというパターンが、私のスタイルになるかもしれないと思った。そして、とりあえず近いうちに、祖母山に登ると決めた。

期待どおりの楽しい1日だった。

ハマった　祖母山

今回は先日の傾山に続き、大分県内では久住山《くじゅうさん》などと並ぶ代表的な山、祖母山に挑戦だ。

本来ならば大分県民たるもの、大分側の急峻な尾根道にチャレンジするのが筋だとは思うのだが、如何せん、体力と内腿のガマン強さに今ひとつ自信が持てずに、今回もバーゲンプライスに飛びついた。

大分側の神原《こうばる》コース、尾平《おびら》コースともに歩行時間が7時間前後かかるのに対して、宮崎側の高千穂町五カ所の北谷登山口からのコースだと、山頂を踏んでも4時間あまりで帰って来られるらしく、初心者にはこの3時間の差はとても貴重で魅力的だ。

連休中ということもあり、登山者が多いことも予想されるので、朝は前回よりもさらに早めに自宅を出発する。

国道57号線を竹田に向かい、中心部から県道8号線へと進む。早朝の清々しい山道をしばらくバイクで楽しんでから、途中で五カ所小学校の方へ左折する。そのままさらに進むと、道は黒土の未舗装路となり、やがてトイレなどがある登山口に到着した。

やはりゴールデンウイークだけあって結構な数の登山者がいる。年配の方の中には稀にバイク乗りを毛嫌いする人もいるので、彼らに顰蹙《ひんしゅく》を買わないかと内心気にしながらも、軽く会釈をしてさらに奥まで乗り入れた。

身支度を整えて、ゆっくりと歩き始める。

登り始めるとすぐに急な道になり、見とおしのきかない人工林が続く。道はしっかりしていて歩きやすいが、先日の傾山での自然林を歩く時のようなわくわく感は少ないような気がする。

特に急いでいるつもりもないけれど歩行速度が他の人より若干速いのか、数組の登山者が道を譲ってくれる。ありがたいのだか、なにか妙な見栄やプレッシャーを感じてペースが乱れ、無駄に疲れているような気がする。幸いにも登山口から1時間程で長い平坦な道になった。

千間平《せんげんだいら》という所らしいが、山登りのイメージとはほど遠いダラダラと続く平らな道が頼りない。踏み跡らしきものは先へ先へと続いているのだが、周りに誰もいないのも心細く、おまけに道は緩い下りになってしまい、迷ったのかもしれないと不安になって立ち止まった。

とりあえず地図とコンパスを出してみるものの、現在地に確信がもてない上に、見晴らしもきかないのであまり意味がない。

結局、後から来た男性に間違っていないことを確認して、一安心。ちなみにこの方はザックに熊鈴を付けていて、「この山域にはまだツキノワグマが生息している」と言っていた。九州のツキノワグマは絶滅したと聞いていたが、本当にまだいるとすれば私もその方が嬉しい。ただ、万が一にも逢いたくはないので後日同じような熊鈴を購入した。

大分、宮崎、熊本の3県境を過ぎてしばらくすると、突然大きな広場に出た。国観峠《くにみとうげ》といい、緊急時にはヘリコプターの発着場になるそうだ。

二人連れの男女が座り込んでおにぎりを美味しそうに頬張っていたので、つられて私も一休みしようかと思い立ち止まった。しかし、目指す山頂が目の前に見えているし、疲れもそれほどではなかったので、広場の隅に安置されているお地蔵さんに手を合わせてそのまま歩き続けることにした。

山頂に近づくにつれて、だんだんと傾斜もきつくなる。雨に洗い出された赤土がむきだしになっていて、道はヌルヌルと滑ってとても歩きにくい。何人かが転倒したような跡もあり、慎重に足を運ぶ。

9合目を過ぎるとさすがに心がはやるが、残念なことに息もきれる。ハァハァ言いながらも、なんとか登りきって山頂に立った。

標高　１７５６m　祖母山　頂上。

北を向けば薄雲を羽織っているような総身のくじゅう連山。西を向けば悠々とした阿蘇《あそ》山《さん》と外輪の山塊。東には傾山に連なると思われる深遠なる山並み。足元には目が眩むほどの迫力で木々の絶壁が広がる。　まさに絶景だ。

山頂は20〜30㎡位だろうか。意外に広く、南側には祠も祀られている。15人ほどの先客がいて、写真を撮ったり、昼食を摂ったりと思い思いに楽しんでいる様子。その中のベテラン風の一人に、眼下の峰々の名前を聞いてみた。するとまわりの人達も集まって来てワイワイガヤガヤ。

「障子岳《しょうじだけ》」「古祖母山《ふるそぼさん》」「天狗岩《てんぐいわ》」「烏帽子岩《えぼしいわ》」「大障子岩《おおしょうじいわ》」「前障子岩《まえしょうじいわ》」等々、親切に教えて頂き、そのうちのひとりが祖母、傾山エリアの地図を開いて見せてくれた。縦走路上には他にも「笠松山《かさまつやま》」や「本谷山《ほんたにやま》」があり、聞くと何人かの人は、その全ての頂に立ったことがあると言うことだった。

私は、自分のことを負けず嫌いとは思っていなかったが、この時はだけは彼等が羨ましいというか、妬ましいというか、早く自分もそうなりたいという焦燥感を感じた。とりあえずは、障子岳と古祖母山を、次のターゲットにしよう。

傾山の時もそうだったが、後ろ髪を引かれる思いで山頂を後にする。

帰りは風穴《ふうけつ》コースをたどると決めていたが、ガイド本によると、登りは４kmなのに下りは３km弱しかない。当然、急下降だろうと予想はしていたものの、想像以上に急な勾配の道が続いてビックリだ。スズタケをわしづかみにしたり、木の根にぶら下がるようにしながら、恐々と降りていく。

もう昼に近い時間だったが、意外に多くの登山者とすれ違う。皆、息をきらせて這い登るといった様子だ。

「あとどれくらい?」の問いに「もう少しですよ、頑張って」と応えるものの、たった今、自分が降りて来た道を思い出しては「自分は下りで本当によかった」と心から思った。

しばらくして、小さな踊場みたいな所で離合のために待っていると、登って来たのはまだ20代と思しきご夫婦。男性は2〜３泊するような大きなザックを背負い、女性はなんと乳呑み児を背負っている。装備も身支度も玄人っぽくはあるが、大丈夫なのだろうか。

その後も次々と登山者とすれ違うが、既に昼はとうに過ぎている。今からだと下山するのは5時を過ぎるのではなかろうか。

いろいろと気にはなるが、彼らには彼らなりの考えがあってのことだろうし、そもそも初心者の私には解せない事の方が多くて当然。気にしないことにした。

やがて、穴の奥から氷風が吹いてくるという風穴を過ぎ、さらに進むと谷のせせらぎが聞こえてくる。間もなく林道に出て、バイクの待っている登山口に到着した。

バイクの上にザックを降ろして靴ひもを緩めると、得も言われぬ満足感がこみ上げてくる。それと同時に、疲れているはずなのにもう次に登山のことを考えている自分が可笑しくて、ひとりで声をたてて笑った。

不安や緊張の後の安堵、そして感激の後には焦燥や嫉妬など、普段の生活では一度に遭遇することはまずないような感情の起伏がなぜか心地よく、とても充実した楽しい時間を過ごせた。

そして、自分が「山歩き」に完全にハマってしまったことを自覚した、そんな1日だった。

神々の　古祖母山

今回は、先日祖母山頂から見た姿が、なだらかでどことなく優しい印象だった、古祖母山に登ってみることにした。

豊後大野市緒方町の原尻《はらじり》の滝を左手に見ながら、県道7号線を宮崎県高千穂町に向かって南下する。途中から道幅が狭まりカーブやアップダウンが激しくなって、バイクだと楽しいくらいだが、クルマだと遠慮したくなりそうな道だ。超のつくような山間部の災害や緊急時のためなのだろうが、道の真ん中にヘリポートが有ったりもする。

駐車場や宿泊小屋などがある祖母山の尾平登山口を横目で見つつ、急なカーブをまわって峠道へと進む。途中、サッと視界が開けて深い山々を見渡せる所があり、それを過ぎると間もなく登山口のある尾平トンネルが見えてくる。トンネル手前にある大分側の駐車スペースにバイクを停めたが、すでに先客と思われる車が1台あった。

身支度を済ませ、軽く体を動かしてから歩き始める。駐車スペースの奥から山道に入っていくのだが、入口が少し分かりにくく、藪のようになっている登山口から入山して、人工林の中にＳ字型に付けられた急な道を喘ぎながら登っていく。するとすぐに水場のような所に出た。

誰が考えても、この小さな沢を横切らなければ前には進めない様子なのだが、なぜか道が見当たらない。

目を凝らして辺りを見まわしていると、沢の向こう側に目印のテープらしきものが見える。どうも最近の雨で登山道の一部が崩壊してしまったようだ。仕方なく20ｍ程下の何とか渡れそうな所を捜して進もうとするが、足下が軟らかく頼りない上に手掛かりにできそうな草木もなくて、ずいぶんと歩き辛い。

なんとか泥濘《ぬかるみ》を渡り終えてからもしばらくはそのまま進み、急な斜面を登りきるとトンネルの上を横ぎるように広がる尾根道にでた。尾平越《おびらごし》というらしい。

左に行けば、本谷山や笠松山を経由して傾山へ、右に行くと目指す古祖母山と障子岳や祖母山だ。

それまでに比べるといくらか緩やかな感じの尾根道を、淡々と歩き続ける。徐々に傾斜もきつくなってくるが、木々の間や露岩から時折見える景色と、平地ではあまり見かけないような大木に目を奪われながらゆっくりと登っていく。

やがて目の前に巨大な岩の壁が立ちふさがるように表われ、少し廻りこむと長いアルミ梯子が設置してある。こんな山奥にわざわざ梯子をかけてくれている先達の情熱と、おそらく他の登山者のためにという親切心に感謝して、自然と手を合わせたくなった。
その梯子を登りきると、いきなり視界は大きく開けて、目の前には素晴らしい景色が広がる。しばらく見とれていたが、長くは休まずに歩き続け、険しくなった道をしばらく進んでやがて山頂に到着した。

古祖母山　標高１６３３ｍ
スズタケが生い茂る頂きから望む大分側の展望は見事だ。特に祖母山と大障子岩方面は複雑な支尾根の様子がとても興味深い。ただ、こちら側の頂上には何もなく、南側に三角点があるらしいので、宮崎県側に行ってみた。
こちらの展望も素晴らしい。右手の障子岳から左前方遥か彼方の、大崩《おおくえ》山群と思しき山々の広がりが雄大だ。また、高千穂町方面を眺めていると、大小さまざまな山の連なりと、霞のかかるその静かな広がり具合に「なるほど神話の里だ」と妙に納得してしまう。言われてみれば、高千穂の神話に登場する神様だって本当に居そうだ。
ひとしきり景色を堪能した後で、もう一度大分側に戻った。急峻な谷の切れ込みがスリル満点だ。

怖いもの見たさもあって岩の先端部に腰を下ろし、休憩がてら昼食を取っているとなんとも困った事態になってきた。

急に腹が差し込んできて、どうにもこうにも、我慢出来ないくらい催してきたのだ。慌ててティシュを取り出し、2つの頂を結ぶ道から東に逸れてスズタケをかき分けかき分け、何とか場所を確保して事なきを得た。誠に不本意ながら……。

高千穂の神々様、どうかご容赦を。

まもなく帰路についたが、帰りの道は快適だ。登りではもう少しきついと感じていた傾斜もたいしたことは無いようで、なだらかな下り坂を気持ちよく駆け下りて、早々に尾平越に着いた。

途中、携帯が鳴って友人から急ぎの用事を頼まれ、その場であちこちに電話をかけて片付けたが、その時話した人の誰一人として、私がこんな山の中で話しているとは思わなかっただろうな。

縦走路を外れて15分ほどで、バイクの待つトンネル入口だ。降り着くとそこには朝の先客がいた。

まだ二十代前半に見える彼は、ひとりで本谷山に行って来たそうだ。登山靴を脱いではほぼ下着姿でくつろいでいたが、そんな彼の姿が少し羨ましかった。クルマだと降り着いたとたんにリラックスできるが、バイクではそうはいかないからなぁ。

彼は気さくに、自身がまだ初心者なことや、難度の高い傾山にはまだ挑戦する勇気がないことを話してくれた。その傾山もコースを選びさえすれば、そうでもないことを伝えようかとも考えたが、余計なお世話だと思って言葉を飲み込んだ。彼には彼のやり方があるだろうし、今の私に他人に伝えるようなスキルなどまだ無い。

彼はまた、近いうちに今の仕事を辞めて、北アルプスとかの山小屋で働いてみたいと、山に寄せる思いと夢を話してくれた。

今まで全く興味のカケラもなかった私のようなオヂさんから、彼のような若人までを魅了する登山というか、山歩きはなぜかとても魅力的で、一度知ってしまったなら、もはや官能的ですらあるようだ。

すがすがしい１日だった。満足だ。

痛かった　新百姓山

近頃、なぜか樹木にハマっている。特に標高1000m付近から見られるヒメシャラが好きだ。滑らかな赤褐色の木肌、平地の庭木などでは考えられない太く逞しい幹、風雨雪に耐え忍んでの、立ち姿の美麗さ。他の樹木に比べて、森では一際目をひいて判別しやすいこともあるのかもしれないが、ここだけの話、頬ずりしたくなるほどに魅力的だ。

今回は、ガイド本で見つけた新百姓山《しんびゃくしょうやま》に登ることにした。ブナの大木やヒメシャラの美林が見どころらしいし、登り口の杉ケ越から山頂までの標高差が356mと、お手ごろなのが嬉しい。

朝は6時頃には家を出たが、前日の予報どおり天気はあまり芳しくはない。まぁ、梅雨の最中だし、雨が降っていないだけで上等だな。もちろん雨具は用意しているし、ザックの防水対策も万全だ。

バイクで国道326号線を佐伯市宇目方面へ南下する。途中を右折し、県道6号線へ。ヒキガエルを守るためなのか『ガマバックン横断注意』の標識にニヤリとしながら、谷添いの曲がりくねった細道を進んで行く。４月に傾山に登ってからまだ２ヶ月しか経っていないのに、同じ道をバイクで通ったからだろうか、登山初心者から登山経験者くらいにはなったような気分だった。

ほどなくして、杉ヶ越トンネルに到着。いつもどおり身支度を整えるが、レインウェア（カッパと呼ぶには惜しいくらいイケてる）はすぐに着られるように準備して出発。

例の、当局による注意喚起の看板を横目で見つつ、トンネルの宮崎側から登山道に踏み入れると、すぐに神社の前にたどり付いた。杉園《すぎかこい》大明神というらしいが、どんなご利益があるか知らないけれど、とりあえず道々の安全を祈願した。

目指す新百姓山は右手に進むのだが、反対側の傾山へと続く「初心者お断り」の杉ヶ越ルートがとても気になる。今はまだ無理だろうが、もう少し実力がついたなら、いつかは歩いてみたいものだな。

進路を南に取り、ちょっとした岩場混じりの道を登っていく。早くもお目当てのヒメシャラに出逢うが、まだまだ序の口だった。大小さまざまな「姫」があちらこちらに立っている。道沿いにあるものには「よお！」とか何とかいちいち声をかけ、ハイタッチの真似をしながら進んでいく。いい歳をしたオヂさんが独り言をつぶやきながら、ニヤニヤして歩く姿は他人が見たらさぞかし滑稽なのだろうが、本人はいたって上機嫌なのだ。

森の中の小道といった感じの尾根道を進むと、突然ブナの大木が出現した。想像していたよりもずいぶんと早い出逢いに驚いた。

「今日はおまえに逢いにきたんだ」などと調子のいい独り言をいいつつ、幹に抱きつくようにして用意していたスケールで円周を測ると3ｍ程もある。

人の手がなにも加えられてない状態で、無造作にそこに存在している大木。樹齢はいかほどだろうか。私が生まれる遥か前からこの地に生を受け、恐らく激烈な生存競争を勝ち抜いて、今もここに有る。そしてたぶん私が死んでしまった後も、とくに誰に気にかけられることもなく、やはりここに有るのか。

早くも今日の目的の半分は達成してしまったような気分だが、メゲずに先へと進むことにする。道は緩い登りが続き、両脇にはヒメシャラが文字通り林立している。雨に濡れた木肌は、もはや赤いと言っても言いすぎではないだろう。不思議な森だ。

突然、道の真ん中にまたもやブナの大木、いや巨木が立ちふさがる。

「真打ちはこっちか！」

先ほどの木より更に太く、貫禄がある。枝ぶりにも風格があり、先程の大木がこの木の息子だったのかと思えてしまう。

ブナの木も不思議だ。漢字では木へんに無とも書くみたいだが、無どころか温帯林には欠かせない樹木らしい。木肌は滑らかだが、皺のような溝が無数にあり、表面には苔やカビが様々な模様を描く。極太の逞しい幹からは、やはり図太い枝が、空いた空間にもがくように、しかし大胆かつ伸びやかに広がる。無数の葉が茂り、生命力の旺盛さと、なにやら意志のようなものを感じる。その枝が覆う空間には、森そのものが持つ慈恵や競争、孤独や共生といった生きものの摂理のようなものが漂っているようだ。

ジブリの映画ではないが、もし森に妖精がいるとしたら、この木の廻りに集まっているに違いない。

ブナの木にしばしの別れを告げて、先に進む。先ほどから時折遠くで雷鳴が聞こえていたが、雨がポツポツと落ちてきた。空を見上げると、南西の方角から凄い勢いで真っ暗な雲が迫ってくる。急いでレインウェアを着てザックカバーを付ける。

あっという間に土砂降りの雨だ。雨音がもの凄く、森が鳴っている。雷もひどい。さすがに身の危険を感じて稜線から30ｍほど降り、低木の下にうずくまってひたすら雷が過ぎるのを待つ。稲光と雷鳴がほとんど同時に聞こえて、生きた心地がしなかった。

30分ほど我慢していると、やがて雨は小降りになってきた。雷もだいぶ遠ざかったようだが、時折不満げにゴロゴロ言っている。

尾根道に戻ろうと、辺りを見回して初めて気がついたのだが、妙にブナの倒木が多い。

その内のひとつに近寄ってみると何か変だ。ちょっとやそっとでは倒れそうもない大木が、根元から２ｍほどのところで、ポッキリ折れている。残った幹の中心付近が真っ黒で、ちょうどバーベキューなどで使う備長炭のようだ。妙だとは思ったが、しばらくしてやっと気づいた。そう、これはたぶん雷神の暴れた跡だ。凄まじい破壊力だな。

尾根道に戻って山頂を目指す。実は今日はその先の桧山まで行くつもりだったのだが、先ほどの驟雨《しゅうう》と雷で考えが変わった。この様子だとまたいつ降られるかわかったものではないし、先ほどのような雷は二度とゴメンだ。とりあえず新百姓山の山頂までの道程をゆっくり楽しむことにした。

しばらく行くと、ガイド本に載っていたとおりのヒメシャラの美林が現れた。自然林なのにネザライ（人工林の下草刈り）をしたようにスッキリしている。たぶん、樹齢があまり変わらない木が多いからだろうか、行儀よく並んだ中学生を連想する。若くのびやかで、頼もしさや逞しさを湛えながら、凛として美しい。

尾根道のヒメシャラを手でペチペチ叩きながら美林にしばし見とれていたのだが、ふと手元をみると、指先に小さなムカデがいるではないか。頭を左右に振りながら何の用が有るのか知らないが、上へ上へと登っていく。

ヒメシャラの赤い木肌をよじ登るムカデと、特に用事もないのに今ここにいる自分が突然頭の中で重なる。たぶん、このヒメシャラにとっての私は、このムカデより小さな存在なのだろうな。おそらく百数十年の樹齢の中で、ほんの一瞬出遭っただけでしかないのだ。

悪天候に加えひとりぼっちなのが効いてきたのか、思考が少し現実からずれてきている上に、若干自虐的だ。

気分を切り替えて、尾根道の両脇に揃い立っているヒメシャラに見送られるように先へと進む。そろそろだろうと思っていたら、案の定すぐに山頂に到着した。


標高１２７２ｍ　新百姓山山頂。木立に囲まれて展望はない。桧山への道程が頭をかすめたが、ガマンガマン。またの機会にしよう。

さすがに祖母、傾山に登った時のような感動はないものの、ここに至るまでの森の散策はなかなか魅力的だった。

帰りは、登りに出会った木々達に再会の約束をしながら足早に降りたが、途中登りでは気付かなかった悩ましい姿のアセビや、その場所だけに帯のような風が吹いている風の通り道を発見した。

脚を止めて見上げた空には、鷹が翼先を小刻みに震わせながら舞っている。

山頂から1時間ほどでバイクの待つ杉ヶ越トンネルに到着した。時刻はまだ昼になったばかりだ。雨も止んでいるし、あまりにも時間が早いのでちょっとバイクで回り道をすることにしたのだが、これが間違いのもとだった。

木浦鉱山の辺りから宇目方面に抜ける林道があり、途中に女郎墓なるところがあるらしい。一応林道のようなのだが、綺麗に舗装されている。ただ、クルマの通りが少ないのだろうか、落石や小さな土砂崩れがあちこちにある。

さながら、パイロンスラロームのように落石を避けながら走っていたが、女郎墓を過ぎて下りになったとたん、不覚にもソフトボール大の石にフロントタイヤを乗り上げて、コケてしまった。

20数年ぶりの転倒は痛く、自分が確実に齢を重ねていることを思い出させてくれたな。幸いにも怪我はたいしたこともなく済んだが、バイクは微妙な感じ。その場で応急的な処置をしてなんとか自走出来るようになったが、ハンドルとフロントフォークが曲がっていて、とても走り難い。だましだましに大分市内のバイク屋まで乗って帰ったのだが、バイクはそのまま入院。悲しいぜ。

ところで、バイクでフロントから転倒すると、身体はまるで柔道の巴投げを食らったように前方に投げ出されるようだ。そんな、宙に投げ出されて跳んでいる時に感じた、若いころにも味わったことのある懐かしい狼狽感は、登山中に誤って滑落したときの感じに似ているのではないかと考えた。

当然、そんな事故が起こり得るのはわかっているし、自分が特別じゃないことも知っている。だけど実際に滑落などの非常事態に遭遇すると、心も頭も身体も全く反応できないのではないだろうか。おそらく、事が起こってしまったら運を天に任せるしかなく、たぶんもう、なるようにしかならないのだろうな。

場数をこなしていくのも大切だろうが、危険予知のためにも、山での想像力と場に流されない慎重さを養う必要がありそうだ。

雷、転倒。怖くて痛かったが、いい勉強になった。実り多き1日だった。

マムシの　藤河内渓谷

前回の新百姓山では文字どおり痛いめにあったが、あの森の感じをもう一度味わいたくて、新百姓山とは稜線続きの夏木山に挑戦することにした。今回は天気もまずまずだし、雨に降られることもないだろう。

いつも通り、バイクで国道326号線を宇目方面へ。宇目のうたげんか大橋を過ぎてから、藤河内《ふじかわち》渓谷の看板に従っていったん左折。国道を潜り抜けて右手の山道へと進む。曲がりくねった道は大好きだが、ここは慎重に。

ほどなくして右手に渓谷が現れた。藤河内渓谷の駐車場らしき所を過ぎて橋を渡ろうとするも、なんとまさかの通行止めだ。

まいったな。夏木山の登り口まではまだゆうに4〜5kmはあるはずだ。一瞬、通行止めのテープをすり抜けて進もうかとも考えたが、何となく大人気ない感じがしてやめた。しかたがないのでバイクは渓谷の入口にとめて、歩くことにする。身支度を済ませ歩き始めるが、せっかく立派な道があるのに歩くしかないのがとても損な気分だ。

ガイド本どおり、第1と第2の夏木橋をすぎて、すこし傾斜のきつくなった林道を進む。倒木や落石もあるにはあったが全然大したこともなく、数日前に台風がきたとはいえ、なぜ通行止めなのか理解できない。まあ、管理者には管理者なりの事情や見解、御苦労があるのはわかるのだが。

八つ当たりのような気がしないわけではないが、割と日頃から感じているし折りに触れ言われることで、日本は自己責任の範囲が狭く、優しくも窮屈な社会だよな。

とかなんとか思いながらも、律儀に徒歩な自分がまさに日本人だよ。

ブツブツ言いながら歩いていると、やがて林道ピークらしき所に登山届箱が見えた。早速登山届けに記入してちょっとタバコを一服。何気なく時計を見て、ここまで既に1時間以上も歩いていることに気がついた。

まてよ、確か夏木山の登山歩行時間は5時間あまりだったはず。ここまでの往復2時間を足すと所要時間は約7時間。休憩もあわせると、しめて8時間か。現在時刻は9時45分。行けるのか？

なんとかなりそうな気もするが、リスクがあるのは確かだろうな。空模様も完璧とは言い難いし、雷雨がないとは言い切れない。

ずいぶん迷ったが、今回の夏木山は断念する事に決めた。せっかくここまで歩いてきたのに残念だ。同じ状況でも、熟練者なら違う結論なのかな。

なんとも情けない気分でたった今歩いて来た道をトボトボと引き返す。

せっかくここまできたのに……との思いが拭えないまま歩いていたが、こんな気分をいつまでも引きずっていたのではそれこそもったいないと考えなおして、なんとか気持ちを入れ替えようと試みる。何か変わったものや珍しいものでもないかとキョロキョロしながら歩いていると、道端に見慣れない草が群生している。

確信はないけど、漢方の生薬のひとつのマツカゼソウかな。他にもタケニグサやクサノオウらしき有毒植物がある。

実は近頃は山菜にも興味があって、いろいろと試食している。当然、山菜と毒草を間違えて食べたら大変なので気をつけているのだが、なかなか実物を見る機会がない。図鑑を持ってくればよかったなぁ。

谷側の傾斜地には大好きなヒメシャラの幼木があちこちにある。里山では雑木林といえばカシやシイの木の類がほとんどなのだが、ここは知らない木ばかりだ。

白い果実らしきものをぶら下げた木があった。樹木図鑑で見たことがある。確かエゴノキといったはずだ。サポニンを含んでいて、エグいからエゴノキだったはず。何気なく見過ごせばただの草や雑木で済んでしまうものでも、こちらの気持ち次第で発見の宝庫となりそうで、林道を徒歩で散策というのも意外に楽しいものだな。

しばらく歩くと、バイクの待つ渓谷入口に到着。流水の音に交じって男女の話し声が谷川の中から聞こえて来る。橋から覗いて見ると、赤や青のヘルメットをかぶった男女４人が沢登りのようなことをしている。ザイルを使って、登っているのか遊んでいるのか判らないが、凄く楽しそうだ。

ふと目を道に移すと、「観音滝まで1時間」の看板がある。沢で遊ぶ彼らが羨ましかったし、体力的に不完全燃焼の今の私にはまさに渡りに船だ。往復2時間なら今からでも余裕だろう。考える余地はなく、即断して歩き始める。

谷川に並行に作られた歩道をゆっくりと慎重に歩いていく。苔むした木道はとても滑りやすくて注意が必要だ。左手の壁面に水流れがあり、イワタバコが可憐な花を付けている。葉っぱは美味そう。

すぐに沢を横切って山道に入る。平坦で割と歩きやすい道が続き、涼しくて気持ち良いのだが気になることがある。渓谷沿いの道は、当然のように水の飛沫でじめじめしており、陽光は生い茂る木々の葉に遮られ、真夏だというのに妙にヒンヤリとしている。この感じは「田舎もん」にしか判らないかもしれないが、危険なのだ。マムシがいる。

足元を確かめ、林道では外していたスパッツを再度着ける。ストックも取り出して慎重に歩き始めると、足下を執拗に見ながら歩いているものだから、いろいろと思わぬ発見もある。

毒キノコの見本のような、オレンジ色やレモンイエローのキノコ類。五、六角形の形の木の実。割ると柑橘系の匂いがしたので猛毒のシキミの実だろうか。見たことない色彩のクモ、変な形の落ち葉や苔の類等々。

楽しくもちょっと不気味な登山道は木山内岳の登山道でもあるらしく、途中に手書きの案内がある。少し気にはなったが、観音滝へと進んだ。

観音像が祀られた岩場を越すと、目の前に素晴らしいスケールと色合いの大滝が現れた。高さは80ｍくらいらしい。花崗岩と思しき岩壁が鱗状になっていて、ヌラヌラとした感じが竜の背中を連想させる。赤茶けた岩肌が濡れて小刻みにうねるように見えるのが、なんとも云えない風情だ。ここに来るまでの渓谷もなかなかのものだが、もしこの滝を見ないで帰る人がいるとしたらとても残念だ。

しばらく滝壺の前で休憩。飛散する水しぶきと、落水が吹き起こす風が、火照った身体を急速に冷やしてくれる。気持ちよすぎるな、これは。滝壺にかがみこんで顔を洗い、水を飲む。まさに甘露、甘露。

しばらく休憩していたが、体も冷え始めてきたので名残惜しいが帰路についた。観音像に手を合わせ、岩場を下りて足早に歩いていると、2～3m先の石の上に何かいるのに気がついた。とっさに後ずさりしてよく見ると、思った通りマムシだ。ちょうど迂回し難い場所になっており、さて、どうしたものか。

マムシは悠然とトグロを巻き、石の上に鎮座して動かない。小石を投げると反応はするものの逃げない。しばらく様子を見ていたが埒があかないのでストックで戦う？　ことにした。ストックで何度も頭を叩いて長くなったところを、先っぽではねのけると、またまた通り道の上だ。

もう一度ストックの先の尖ったところで頭を突くが、グニャグニャして刺さらない。しばらく続けたせいでだいぶ弱ってきた様子に、さすがにかわいそうになってきて、思いきり遠くにはねのけて一件落着。

一件落着はいいが、その後ずっと山道に出ている木の根のすべてがマムシに見えて往生した。足元ばかりを見て歩くものだから途中道を間違えてしまい、すぐに引き返したので何事もなかったものの、参ったな。

当初の目的とは全然ちがう1日になってしまったが、これもまたよし。ただの散策でも、心を澄ませば意外と楽しいことがわかり、なかなかの1日だった。

飛んだら大変　障子岳

秋も本番となり、平地でもハゼの木などが赤く色づき始めた。稲刈りや籾摺りといった、家業である農家の大イベントも無事に終わり、晴れて自由の身だ。ずっと山の紅葉が気になって仕方なかったが、やっと登れるようになって心底嬉しい。

いくつもの候補を抑えて、今回は祖母山のとなりにそびえる障子岳に、親父山《おやじやま》経由のルートで挑戦する。

バイクで国道57号線を竹田へと向かう。市の中心部から県道8号線へ。以前祖母山に登った時に通ったルートだ。祖母山登山口のある五カ所を過ぎてしばらくすると、左手に国道325号線が高千穂方面へと続いている。

すぐに目印の竜泉寺や四季見原《しきみばる》キャンプ場の表示があり、ガイド本の指示どおりにキャンプ場をめざす。アップダウンやカーブが連続する早朝の舗装林道をたっぷり楽しんで、親父山登山口に到着した。

駐車場に先客がいない。紅葉の時期なのに、天気がいま一つすぐれないからか、ルートがマイナーなのか知らないが、完全にひとりきりというのも珍しい。いまさらながらも正直少し心細い。

とりあえず、いつものように身支度をすませて出発する。谷を渡り、少し先で渡り返すと、だんだん道が険しくなってきた。

このあたりはスズタケが多く、一種独特の雰囲気がある。親父山の親父とはクマの事だそうだが、今でもどこかに人知れず棲息していると言われたとしても、すんなり納得できそうだ。

スズタケが減り、少し広くなったところで霧が出てきた。踏跡は割とはっきりしているのだが、視界が利かなくなってくるとやはり少し不安になる。

傾斜がきつく、ハァハァと大仰に喘ぎながら登っているものだから、濃い霧の粒子が肺に入ってくるような感覚がある。そのせいか妙に息苦しくなってきた。しばらく我慢していたが、この息苦しさは尋常ではない。

もしかしてこれは過呼吸か？

たしか、激しい呼吸を繰り返しすぎて血中の二酸化炭素濃度が下がり、痙攣をおこしたり呼吸困難になるというやつだ。

急いでザックからタオルを出して、立ったまま顔をうずめた。二酸化炭素を自分の吐息で補うために、しばらくそのままで小刻みに息をする。3分ほどすると急速に呼吸がいつものように戻ってきて、動悸も収まってきた。

今まで過呼吸とかにはなったこともないし全く縁がなかったのだが、以前娘が持っていた『研修医ななこ』という医療系マンガで対処方法を読んだことがあったので、今回はなんとか対応できたようだ。何が幸いするかわからないもので、とりあえずは何でも目を通しておくものだなぁ。

しばらく休憩した後に、大きく深呼吸をしてゆっくりと歩き出す。

霧がかなりの速さで流れていくのがとても新鮮だ。これは霧というより、もはや雲だな。今すでに私は雲上人だよ。仙人、仙人。

独り言を言いながら傾斜のきつい道を上り詰めると、まもなく親父山山頂だ。


親父山。なんとも地味な響きだが、実は標高が1644mもある。あの傾山よりも40m以上も高い。しかし今日は雨こそ降ってないものの、濃い霧にすべて包まれてしまって展望は望めない。何も見えないので、そそくさと次の目的地、障子岳へと向かう。やっぱり地味だな。

歩きだすとすぐに下りになった。この先の鞍部には、第二次世界大戦時に墜落した米軍戦闘機の鎮魂碑があるらしい。

坂を降りきると、すぐに濃い霧の中に白い看板と星条旗、そして足下には日の丸が現れた。「米空軍Ｂ２９墜落の地」と書かれていて、米軍兵士の十余名が物資の輸送中にこの地で殉職した旨が記されている。

ちょうど今日の様な濃霧の日だったのかも知れないな。

軽く手を合わせて、先に進む。岩場を過ぎたあたりから、時々サッと視界が晴れるようになった。


障子岳山頂に到着。標高１７０３ｍ。祖母傾山群の中では祖母山に次ぐ標高だ。

風が強く視界もあまり良くないが、地図を出して時折雲の合間から覗く山々と見比べてみる。雲が多くて分かりづらいが、コンパスと案内板の助けを借りて、祖母山、古祖母山、大障子岩などが確認できた。

それにしてもすごい風だ。南南西からの強い風が次々に雲を連れてくる。時折サッと晴れ間が出て明るくなるのだが、その時に見えた足下の紅葉と高度感には、まさに言葉を失ってしまった。

様々な色の木々が織り成す、油絵のような濃淡のおもむき。鷹揚さと緻密さが混在するコントラストの妙。そして、モコモコとした立体的な木々の絨毯を、あたり一面に敷き詰めたような絶壁の高低差。

残念ながら、私にはこの時の感動を正確に言葉にして伝える力がない。目の前に広がる感動的な風景を言葉で表現するのは、写真で一瞬の情景を切り取るのと似ているのではないだろうか。プロならともかく、私はこの圧倒的なスケール感や感動を上手く表現することができない。これは自分自身で体験するしか理解する術はないのだろうな。

まだまだ時間的にも体力的にも余裕があるので、烏帽子岩や天狗岩まで足を伸ばしてみる。岩場の周辺や稜線上には草木はあるものの、なぜか荒涼とした印象をうける。目前間近にそびえる祖母山は、さすがに圧倒的な迫力だ。しかし見方をかえれば、紅葉をまとった姿は、晴れ着姿のふくよかな女性が脚を崩して優しく座っているように見えなくもない。

本来なら、天狗岩からの眺めもかなりなものだろうけど、残念ながら今日は展望が得られそうにない。このまま祖母山頂まで行ってしまおうかとも考えたが、無理は禁物、またの機会に取っておこう。

強風の中、来た道を引き返す。いくらか天気が回復して、まわりが見えるようになってきた。藪を抜けて再び障子岳山頂へ立つ。

相変わらず、すごい速さで雲が流れている。風の強さが、バイクに乗っているとすれば時速80㎞くらいで走っているような感覚なので、秒速にすると20ｍちょっとか。山頂は狭く、風に揺られながら見る絶壁は圧倒的な迫力で、身体ごと引き込まれそうだ。

いくら居ても飽きないが、そろそろ下山しようと顔を上げて高千穂方面を見ると、ひときわ濃い雲の固まりがちょうど目の高さでこちらに迫ってくる。

あっという間にぶわっという感じで、質量感のある雲の中に入った。身体にまとわりつく雲が目に見える。結露した水滴が肌を濡らす。まるで自分が空を飛んでいるみたいだ。空を仰ぎ見ると、雲の切れ間からフラッシュライトのように青空が覗く。

両手を広げて羽ばたいてみた。今なら飛べそうだ。

残念ながら飛べはしなかったが、たった30秒程のこの体験はとても印象深く心に残った。本来なら、自分の日常とは隔たるはずの人間の手垢が付いていない自然界、言い換えれば地球自身の営みの中に、ほんの一瞬だけ足を踏み入れた感じだ。大したリスクも負わないのに、一瞬とはいえ体感したあの感覚は、また私を山へ誘うのだろうな。

とても楽しい１日だった。満足だ。

雪遊び　本谷山

新年になって初めての山行は、本谷山に決定。そのピークはあまり目立たないのだが、祖母～傾山縦走路にある鬱蒼とした森のイメージが強く、心惹かれる。また、今回は初めての雪山へのチャレンジなので、岩場の多いような急峻な山は避けたほうが無難だろう。

実は、今回初おろしのアイゼンとは別に、これからずっと世話になるだろう頼もしくも愛らしい山登りの相棒を手に入れた。

日本が世界に誇る軽量四輪駆動車の代表的存在、その名はスズキ、ジムニー！

普段はカミさんの足として働き、休日はオヤジの趣味の友となる、ありがたいセカンドカーなのだ。

もともとクロスカントリー車は大好きで、以前は超重量級の四輪駆動車を駆っていた時期もあったが、一度スタックしたら最後、重機でないと救出できないというジレンマを如何ともし難く手放した経緯もあるので、喜びもひとしおだ。

オヤジの趣味に文句一つ言わず、優しく許してくれる妻に感謝感激。この場を借りて御礼申し上げます。ちなみにこのジムニーはスタンダードグレードのマニュアル5速で、細身タイヤのテッチンホイール車なのだが、彼女は特に抵抗はないらしい。

　さて、そのおろしたてのジムニーでいつものように三重町経由で緒方町の尾平鉱山跡へと向かう。早朝のまだ真っ暗な道を快適にとばして、バイクだったら凍死しているかも知れないが、クルマだと快適だな。

　ここまでは特に雪もなく普通に走れたのだが、尾平トンネルに向かって峠道に入った途端、路肩やカーブの出口などに若干の積雪がある。念のため四駆にして登ってみたが、なんということもなかった。

　すぐに尾平トンネルに到着。以前古祖母山に登った時は、大分県側からだったのだが、今回はトンネルの向こうの宮崎県側から登ることにした。

　駐車スペースにクルマを止めて、しばし休憩をとる。まだ5時を過ぎたばかりで真っ暗だ。１時間ほど仮眠を取ってのそのそと動き始めたが、なかなかシャキッとしない。山の中だし、幸い近くに誰も居そうになかったので、お気に入りのロックをガンガンにかけてしばらく聞いていた。

　目も覚めてきたし、夜も明けてきたので身支度を済ませて出発だ。所どころに雪はあるものの、普通に歩けるようだ。

しばらくは急登が続くが、すぐに縦走路に出るのが分かっているので全然苦にはならない。

40分ほどで祖母~傾山の縦走路にでた。傾山の方向へしばらく進むと、通称ブナ広場とよばれる場所を通過する。幕営地らしく、遥か昔の物と思われるゴミが見受けられる。こんな山奥に来てもなお、人の出したゴミがあるのかと思うと少々残念だが……。

平坦な道には雪がまだらに残っているのだが、まだまだアイゼンの出番ではないようだ。しばらく歩いていると徐々に傾斜もきつくなってくる。葉を落として泰然と立つブナやアセビの巨木と、雪景色とのコラボにいちいち感動しながらも、普段に増して一歩一歩に注意を払ってゆっくり歩を進める。

山なれた人には笑われそうだが、標高が1300mを超えた辺りから、足下がなんとなく不安になってきた。積雪は30㎝ほどで、新雪なので足跡はない。登りはこのままでも行けそうだが、万一ということもあるのでここでアイゼンを装着することにした。アイゼンは6本爪のスチール製でごく普通のものだが、思ったより装着感は悪くない。

ちょっと歩いてみたが違和感もなく快適だ。縦方向だけでなく、横方向の滑り止め効果が新鮮な感じ。ただ、グリップが良すぎるので、積雪のないところでは脚の負担が大きそうだ。パートタイム方式で直結四駆のジムニーと同じだな。

踏み跡の付いていない真白な森を、たったひとりで登っていく。目に映るのは、灌木の林と日差しに輝く雪原のみだ。途中から狐か狸か、鹿か猪か皆目見当がつかないけれど、山の住人の足跡が山頂まで導いてくれた。

標高１６４３ｍ、本谷山山頂。木々に囲まれた狭い円形の山頂からは、展望がほとんど得られない。北東方向に笠松山への縦走路が続いており、まだまだ先に行ってみたい誘惑に駆られる。時間はまだタップリあるのだが、山での予定の変更は極力しないようにしていたことを思い出して、なんとか思い留まった。

展望が得られないので頂上は退屈だ。寒いし、そそくさと降りることにした。

当初の本谷山のイメージとは違い、季節がら「鬱蒼とした森」ではなかったが、さすがに木々の種類は多そうだ。様々な木が立ち並ぶ雪の林をゆっくりと慎重に歩く。登りでは何気なく見過ごしていた風景や、小動物の足跡、糞が興味深く楽しい。途中、四方八方に枝を広げたまま、立ち枯れているブナの大木の下で小休止した。

降りるにつれ、だんだんと積雪も少なくなってきたので、アイゼンを外す。やはり靴のままの方がいい。

雪が少なくなって気がついたのだが、なぜか樹木の周りから先に融雪しているようだ。

大木になるとそれが顕著で、幹から半径1mほどは雪がない。降雪時に、風向きなどの加減でなったわけでもなさそうだし、やはり木が生きているからか。木にも体温があるのかな。

しかし、少し観察してみると、枯れ木も生木もあまり違いはないようだ。もしかしたら樹木が気温を地表に伝達する役割を果たしているのかもしれない。天気の良い日は10℃近くありそうだし、そういうことにしておこう。

ブナ広場を過ぎ、縦走路から外れて尾平トンネルを目指す。途中、シキミの群生地を過ぎて、ジムニーの待つ駐車場に到着。

ザックを下ろして服を脱ぎ、登山靴をスリッパに履き替える。何ともいえない安堵感だな。バイクだとこうはいかないし、帰りの道のりを考えると冬の登山はクルマに限るなぁ。

何はともあれ、楽しい1日だった。

別府番外編

山登りをするようになって、10ヶ月程が経った。いくつかの山の頂に立ち、自分なりのペースやスタイルも出来つつあるようだ。

それなりに体力にも自信をもてるようになり、特別なトレーニングをしなくても、この辺の山なら何処でも行けそうな気がしている。

しかし、正直なところ不安もある。少し調子にのってペースを上げて登ると、とたんに内腿がつり、えらい目にあう。また、道迷いなどの非常時に、どれくらいなら歩けるのかも不安だ。自信なのか過信なのかが、自分でもわからない。

いったい今の私の歩きの実力はいかほどなのか。どれくらいなら歩けて、どれくらいで、決して若いとは言えない私の身体はどうなるのか?

これはもう、実証実験するしかないよな。

さすがに山の中で無茶なことはできないので、やるとすれば街中で行うことになるだろうが、距離の設定はどうしようか。

私も含め、九州の山好きの多くが憧れるという祖母傾山縦走路が概ね20㎞ほどらしいので、それと同じ程度のキッさに挑戦したいものだ。山道ではない平坦な道を歩くとすると、倍の40㎞なら同じくらいというところだろうか。臼杵の自宅から大分駅を経て別府駅まで行くとすると、そのくらいになりそうだ。

実験テーマは「シャリバテ（ハンガーノック）になるまで歩くと、オヂさんの身体はどうなるのか」でいこう。

当日は、ほぼいつもの山行のスタイルと装備で臨んでみた。

早朝6時、見送ってくれる妻の優しい笑みの奥に「モノ好きな人ねぇ。理解に苦しむわ……」というメッセージを読み取りつつも元気に出発する。

特に下見や距離計算をしたわけではないが、第1目的地は九六位《くろくい》峠で、目標所要時間は1時間だ。

まだ暗い道を、妻に借りた懐中電灯の灯りでテクテク歩く。クルマでは頻繁に通る道が、徒歩だとずいぶん違って見える。

残念なことに、ゴミが多いのにとても驚いてしまった。こんなにも酷いとは今まで気付かなかった。煙草の吸殻を大量に捨てていたり、菓子袋やコンビニ袋が、中にゴミを詰めたまま捨てられている。雑誌やＤＶＤ、ズボンもあった。山道に入ると冷蔵庫、洗濯機、テレビ、自転車、電子レンジにアイロンなどなど、粗大ゴミのオンパレードだ。

これはもう、単にモラルの問題というよりも社会のどこかに根源的な病巣がありそうだと感じた。もっともかく言う私自身にも、自省の余地はあるのかもしれないけれど。

歩いているうちにあたりはだんだんと明るくなってくる。相変わらずゴミは散見されるものの、早朝の道は意外に気持ちいいもんだ。クルマの通りもなく、車道も貸し切り状態だね。道の真ん中を好き勝手に歩く。

知らない道でもないし、景色がいいとか空気がうまいとか、特別なことはまったくないのになぜかわくわくと楽しく、あっという間に九六位峠だ。目標の1時間を5分オーバーしただけで到着した。

次なる目的地は大分スポーツ公園の近くの大型商業施設だ。推定所要時間はここから1時間半ってところか。

今のところは身体も何ともないので、少しペースを上げてみる。下り坂なので、軽い駆け足のような調子で歩いてみるが、予想外にきつい。そのうちに、右足首あたりに違和感を覚えて立ち止まった。

大したことはないが、若干の痛みも感じて、まだまだこれからなのに不甲斐ない。とりあえずペースを落として、歩き続けてみる。

ところで今回の実験テーマが「シャリバテまで……」なので、いわゆる行動食は摂らずに水分補給のみでどれだけ我慢できるのか我ながら楽しみだ。もしかすると山で遭難したときに役に立つかもしれないし。

その水分補給は主にスポーツドリンクなのだが、甘すぎて口の中がベトつく感じがする。本気で歩くようなときは、少し薄めた方が良さそうだ。

広い歩道をただただテクテクと歩き続ける。目の前に目的地は見えているのに、なかなかたどり着けないのがもどかしい。街場に近づくにつれ、早朝のわりに思ったよりも多くの人とすれ違うが、さすがにザックを背負った本気モードの人はいるはずもなく、かなり私は浮いているよ。

やっと第2目的地に到着した。足の痛みはいつの間にか気にならなくなっていた。

目標時間は少し過ぎてしまったけれど、気分は上々だね。空腹と言うほどではないが、早くもなにか口にしたい感じになってきたのが嬉しい。日常とは違う行動に、身体はちゃんと反応しているのだろう。

特に休憩もせず、これまたひたすらテクテク歩く。米良《めら》の峠を越えて、大分市内の中心部へと下りていく。途中で道を間違ってしまったけれど、大分川を渡っていよいよ大分駅が近い。少しずつ脚も疲れてきたのか、横断歩道で信号の変わり際に小走りしようとしたら、上手く足が出ずに転びそうになった。あまり疲労感はないのに、やはり脚の筋肉はくたびれてしまったのかな。人が行きかう歩道の真ん中で、屈伸運動や腰や背中のストレッチを行う。周りの人の目は気になったが、そんなことは言っていられない。

金池町を通って、10時40分に大分駅に到着した。所要時間は4時間40分だった。

携帯で現在地と身体の調子を妻に報告。帰りは最寄り駅まで迎えに来て貰う約束なので、こまめな報告は必須だな。

はっきりした距離はわからないが、ここまでざっと25㎞強ってところか。道迷いが余分だったけれど、我ながらなかなかのペースだと思う。まだまだ身体は何ともない感じなのが意外だな。

ダメージらしきものは、若干脚に疲労があるのと、僅かな空腹感があるという程度だ。正直、歩いた道程の割に疲労感が少ない気がして嬉しい。

駅に別れを告げて、西大分、別府方面へと向かう。国道10号線沿いに歩くのだが、あまり沿線の建物がパッとしない。地味なうえに空き家などもあって、少し寂れた感じがもの悲しい。少し先のアパートふうの建物に、何やら黄色いゴルフボールのようなものが沢山ぶら下がっているのが見えた。近づいてみると、なんと漢方生薬のひとつ「黄カラス瓜」ではないか。写真では見たことがあるものの、現物を見るのは初めてだ。普通の赤いカラス瓜はよく見かけるのに、黄色いカラス瓜はこれまで見たことがなかった。汗疹や赤ちゃんのオムツかぶれに昔から使われている天花粉の原料だと聞いているが、こんな所で初対面とは。

ひとしきり観察してから、行動再開。

いよいよ別大国道に入り、米良の峠から見えていた由布岳や鶴見岳も、もう目の前だ。別大国道は数年前に大規模な拡幅工事が行われて、とても広く綺麗になった。歩道の広さも、私の家の近くの田舎の車道より断然広い。海沿いの歩道の右手には別府湾が広がり、海、山共に景色もよく、夏ならばさぞかし爽快だろう。

しかし、残念なことに今は真冬の真只中だ。西からの冷たい強風に晒されながら歩いていると、テクテクというよりもトボトボといった様子だな。別府方面からやって来るクロスバイクが、追い風にのって凄いスピードで通り過ぎる。ジョギングのカップルも、まるでアスリートのような速さだ。羨ましく、ちょっと妬ましい。

懸命に歩いてはいるのだが、強風に阻まれて歩は遅々として進まない。これではまるで修験者のようだ。目の前に見える鶴見岳もなかなか近づいてこないし、海沿いに広がる別府の町もすぐそこのような感覚なのだが、現実にはまだまだだな。

水分補給はこまめにしていたものの、カロリーを補給していないのでさすがに空腹だ。

運動による発熱量と寒風で失う熱量のバランスが微妙に崩れてきているような感覚がある。少しずつだが、明らかに身体は疲労している。

ここまでまだ30㎞くらいかな。この距離でこの疲労感だとすると、フルマラソンのアスリート達は怪物だな。私にはとてもとても42㎞あまりを走れるとは考えられないよ。

ようやく、最終休憩所と考えていた水族館「うみたまご」に到着。トイレをすませてベンチでしばしの休憩をとる。疲労感と空腹感、何よりも気力の萎え具合から、既に自分はシャリバテの状態だと判断した。

コンビニで買ったエッグサンドとブドウ糖入りのチョコレートを貪るように食べたが、あまり美味しく感じないのはなぜだろう。大袈裟かもしれないが、味気なくてただの燃料チャージでしかない感じなのだ。それよりも寒い。防寒着は持っていたが、歩き出せばすぐに暑くなるだろうと思い、ガマンしてそそくさと出発した。

しかし、それからが地獄のようだった。

いったん冷えた身体は、あちこちに痛みを誘発し、体中をきしませた。脚や背中、腕に肩先など、筋肉、関節どこが痛いのかハッキリしないが、とにかく痛い。特に左脚は股の外側から弁慶の泣きどころやかかとに至るまで、足が接地するたびになんとも言えない嫌な痛みが走る。

足を引きずるようにしながらも、なんとか東別府に入った。街なかに入ってからはずいぶん風も弱まって歩きやすくなった。

終わりが近付くと能率が上がってくるという心理的な効果もあるのか、ペースがいくらか上がり、気のせいか痛みも若干楽になった感じだ。そうなると現金なもので目的地の別府駅に向かう前に、歴史的な建物と熱いお湯で有名な竹瓦《たけがわら》温泉に浸かってから帰ろうなどと考えた。

午後1時30分、竹瓦温泉に到着。別大国道に入ってからがキツかったが、なんとかたどり着いたよ。

この温泉の湯温が高いのは以前から知っていて、熱いお湯に入ったらいくらか疲れが取れるかと思ったのだが、それは大間違いだった。身体は温もったものの疲労感は5割増しといった感じで、ぐったりなってしまったのだ。たぶん、疲れ果てた身体にとって熱い風呂は、癒やしどころか逆にストレスになるのだろう。

気だるく重い身体をなんとか動かして、ようやく別府駅に到着した。思った程の感慨はなったが、なんとも言えない達成感は山登りと同じように味わえたかな。

帰りの電車の中で、子供のころに親父から聞いた話しを思い出した。自動車がまだ身近になかった時代の話だ。とうの昔に亡くなった爺さんがまだ若かった頃、娘が小学生に上がるのに、ランドセルを買ってやろうと考えた。

当時の臼杵の町には、ランドセルと言えば一見すると革製のように見えるものの、実は紙で出来ているようなフェイクしかなかったそうだ。本物志向の爺さんは、愛娘のために本物のランドセルを買ってやろうと、米を担いで大分の町まで歩いて買いにいったらしい。その時の道のりがどんな様子だったかわからないけれど、私も3人の娘を持つ身だ。娘達のためならエンヤコラ、どこまでも歩いて行ける。ショイコを担いで、脚支度を整えて、まだ暗い道を歩き出す。その時の爺さんの気持ちや感覚を、今の私は誰よりもリアルに想像できるし、共有出来るのだろうな。

自宅の最寄り駅で、妻に拾ってもらう。遠慮も心配もなく、全てを投げ出せる安堵感に包まれて今回の実験は終了。私にとっては、今回の収穫はとても大きく貴重だ。少し大袈裟だけど、今の自分自身が実際にやってみなければ得られないデータを、アタマとカラダにバランス良く刻み込めた気がする。

後日談だが、帰宅後39度の熱を出して一晩苦しんだ。たぶん熱い温泉が悪いんだ。苦しくも、貴重な体験だった。もう二度とはしないだろうが、仲間内の話しのネタとしてもなかなかのものだし、とても満足だな。

なんちゃって　笠松山

３月になったとはいえ、まだまだ寒い日が続いている。冬のあいだに鈍った身体を思いっきり使って、山で春の息吹を感じたい。

今回は、先日下見に行った豊栄鉱山跡の傾山登山口から、九折越を目指して登ろうと思う。目指すは笠松山だ。祖母〜傾山の縦走路の中では一番標高の低い山だが、登山口から縦走路に出るまでが結構大変だと知人に聞いていたので、どんな感じなのか楽しみだ。

朝はまだ真っ暗なうちに自宅を出た。予想以上の寒さで、１時間も経たないうちにバイクで来たことを少し後悔した。途中のファミレスで朝食がてら休憩をとるのだが、体が冷えきっていて熱いコーヒーがとても美味しい。ここから登山口まではまだ1時間ほどかかると思うと腰が重く、出発までにもう少し身体を暖めたくてグズグズとコーヒーをおかわりした。

少し空が明るくなってきて、いくぶんテンションも上がってくる。早朝の冷たい空気をバイクで切り分けるように走り、緒方町をぬけ、祖母山の下宮である健男社《たけおしゃ》の手前を左手に降りる。細い急勾配の道をしばらく行くと、左に林道入口があり、すぐに九折登山口の建物が見えてきた。

この登山口には登山者用のトイレや休憩室などが整備されていて、情報交換用のメッセージボードも備えられている。駐車場も広いが今日はまだ一台も止っていない。一番乗りは嬉しいものの、少し心細くもあるな。

いつものように身支度を整えて、ゆっくりと歩き始める。鉄橋をわたるとすぐに右手に取り付き、深い森へと入って行く。しばらくは木々に覆われた道を進むが、まもなく谷筋に出た。今は涸れ谷のようだが、意外に幅が広く、雨が降ればかなりの水量になりそうな感じだ。石のゴロゴロした川床のような道を上へと進む。少し行くと左手の岸に移り、またすぐに右手に移る。これでは少し雨が降ったらこのコースは無理だろう。

谷筋を離れるとすぐに急な登りになった。倒木を跨いだり潜ったりしながら、ゆっくりと登る。ところどころに私の好きなヒメシャラやモミのような大木もあり、なかなか見どころも多くて嬉しい。そのうちに道はだんだんと歩きにくくなり、もはやよじ登るという感じになってきてロープに頼ってしまう所もあった。息をきらして登り詰めると、立派な林道に出る。

ここまでの所要時間は2時間弱。この林道は普通車でも楽に通れるほどの広さがあり、よく整備されている道のようだ。がけ崩れや倒木などといった特別なアクシデントがなければ、バイクなら20～30分でここまで来られるかもしれない。

そう考えてしまうと、たった今喘ぎながら登ってきた道のりが、敢えてする必要のない無駄な労力だったような気がして，正直なところとても残念な気分だ。一度は歩いてみたかったルートだしそれなりに楽しかったけれど、たぶん次からはバイクだな。

気を取り直して、林道からハシゴを登って斜面に取り付く。ここからは誰がなんと言おうと、進むためには歩くしか方法がない。樹林帯の中をのそのそと歩き続けていると、１０００ｍを超えたあたりから積雪があちこちに見える。ここまで雪なんかこれっぽっちも無かったのに、まわりにどんどん雪の白色が増えてきて、１１００ｍを超えると、もう真っ白だ。九折越まであと僅かのはずだが、当たり一面が唐突に銀世界になってしまった。降雪も始まり、登るにつれてどんどん激しくなってくる。樹氷に囲まれた道を登り詰めて、やっと九折越に到着した。

真っ白な広場にはさすがに誰もいない。傾山や笠松山への道標がひとつ、ツララをぶら下げて凍えているだけだ。とりあえず山小屋で一服しようと、無人の九折越小屋を捜す。笠松山方面へ50ｍほど進むと、木立の中に小さな建物がある。中に入って上着を脱ぐと、身体から驚くほどの湯気が立った。気温は氷点下４℃だが、火照った身体はＴシャツ１枚でも少しも寒くはない。

時間は11時過ぎ。ここから笠松山山頂までは約1時間半らしいので、山頂には午後1時頃到着の予定かな。

小休止の後、身支度を整え気分も少し引き締めて小屋の外に出る。予定通り笠松山を目指して西に歩きだしたけれど、凄い雪だ。積雪量はそれほどでもないが、降雪がひどくて視界が全くきかない。まわりの全てが真っ白で、これがいわゆるホワイトアウトなのかな。いくら尾根道とは言え、こんな状態で進んで大丈夫かいな?


雪の降り方があまりに激しいので、とりあえず山小屋に戻ることにした。小屋に入って、開けっ放しの扉からぼんやり外を眺めていると、昔このあたりで遭難した学生がいたという話に思いがおよぶ。

ガイド本によると、昭和44年の3月、この九折越小屋を目指した学生二人が、豪雪と疲労により、1日違いでほぼ同じ場所で力尽きたそうな。その遭難碑がここから程近い場所にあるらしい。当時の登山事情はわからないが、学生ゆえの強行や装備不足などがあったかもしれない。年によっては、山では3月を過ぎても真冬のような天候になることもあったのだろう。

傾山頂

……などと他人ごとではない。今まさに自分の置かれている状況がそうなのだということに気がついた。

体力的、時間的にはまだまだ大丈夫そうだ。しかし、こんな雪は想定していなかったので、アイゼンやツェルトといった、いざという時の道具は何も持って来ていない。ただ、雪といっても新雪だし、尾根道を歩くだけのはずなのでたぶん笠松山までなら行くことはできるだろうが、一抹の不安はある。

悩んだ末、今回は撤退する事にした。おそらく今日この山域にいるのは私ひとりだろうと思うと、さすがに心細い。それに景色も見えなくて果たして楽しいだろうかと考えると、日を改めた方が賢明だろうな。

そうと決めれば急ぐことはなにもない。ザックからパンとコーヒーをだして、小屋の軒下で昼食をとる。普段の生活では、ここまで激しく降る雪を見ることはなかったので、なにか新鮮な感じだ。

降りしきる雪の中、少し小屋の周りを歩いてみる。森の中に降り積もる雪は、時折ドサッと音を立てて落ちてくる以外は、ほとんど無音だ。空から落ちてくる雪の圧倒的な存在感と激しい動きが、今のこの静寂とはとても不釣り合いな気がした。

下山は楽勝だった。雪がひどかったのは高低差にしてなんとたった１００ｍ程の間だけで、２００ｍも降りると雪は全く降っていない。３００ｍ以上降りれば、どこにも雪のユの字もないのだ。縦方向だけの僅かな移動がこれほどの気象の変化をもたらすとは、まさに目からウロコが落ちるようだった。

林道出会いまでは山中を駆け下るようにして降りたのだが、そこからは次回の下見を兼ねて、林道を歩くことにした。思った通りよく整備された道で、何ヶ所か落石や崩壊した所もあったが、バイクなら何事もなく行けそうだ。

多少道草を食いながらだったが、登山口までは2時間近くかかった。歩きでは時間的なアドバンテージはほとんどないけれど、途中には傾山の坊主尾根コースの林道出会いなどもあって、やはりこの道を登山に使わないのはもったいない。

バイクで帰る途中、祖母～傾山尾根を見渡せる所があって、納得した。どの山も山頂付近だけが真っ白だ。山の9合目くらいから下は何ともないのに。

今日は春の息吹を感じるどころではなく、思わぬ冬将軍の猛攻に敗退してしまったが、やはりこれで良かったのだろう。

貴重な体験だった。

神のみぞ知る　五葉岳

前回の笠松山敗退の2週間前に、宮崎県日之影町へ下見に行った山が今回のターゲット、五葉岳《ごようだけ》だ。

本当は下見と言うよりも、日之影町の日隠《ひがくれ》林道という、「どんだけ日陰ものなんかい！」とツッコミたくなる名前に興味をそそられただけの、ただの林道ツーリングだったのだが、これがなかなか良かったのだ。

五葉岳周辺にある、お姫山、お化粧山、乙女山という、名前の由来を知らなければ、ロマンチックですらある山々に、興味を持つのは私だけではないだろう。

朝は4時に出発。途中で朝食を済ませて、国道326号線を南下する。新百姓山の登山口でもある杉ヶ越トンネルを目指して谷添いの狭い道を進む。木浦地区を過ぎると曲がりくねった登り道が続くのだが、こういう道はバイクだととても楽しく早朝の頬を切るような風も心地いい。トンネルを過ぎても急なカーブの下りなのだが、これまたなんとも楽しくてしかたない。

乗らない人には理解し難いだろうが、バイクでワインディングを走っているときの爽快感はなんとも言えない。今でも乗り始めた頃とあまり変わらない喜びを感じているが、正直なところ、いいトシをして稚気がぬけない自分が可笑しくもあり、喜々としてバイクを駆る姿は気恥ずかしくもあるんだよな。

坂を降りきると、見立渓谷に沿って細くて見通しの悪い道が続く。トコトコとママチャリのようなスピードで進んでいたが、カーブを曲がったとたん道の真ん中に大きな動物が倒れているのが見えた。慌てて止まり近寄ってみると、ツノはないものの普通の鹿だ。目を見開いたまま、息絶えているようだ。怖いもの見たさでバイクを降りてさらに近づいてみる。

目は中空を見据え、首があらぬ方向を向いている。腹はさけて血と内容物が出ている。血がまだ乾いていないようだ。まだ若い鹿のように見えるが、なぜここで死んでいるのか？

というのは、ここは道がとても狭く見通しが悪い上に、道路は苔や杉葉があちこちにあってすぐにスリップしそうな所で、とても鹿1頭をひき殺すようなスピードではクルマは走れるはずもない。おまけに片側は谷だし、ここで時速40km以上出すのはほとんど自殺行為だ。

神のみぞ知る　五葉岳

野生動物の体は人が想像するより遥かに強くて頑丈なはずで、怪我ではそう簡単には死なない。私の親父は若い頃からハンターだったので、私は幼い頃から野生動物の死を数多く見ている。イノシシなどは散弾銃などで撃たれてもしばらくは逃げ回るらしい。また私自身もニワトリ小屋に入ってくるイタチを鉈で追い回したこともあるが、外傷ではそう簡単には死なない。

その頑丈なはずの野生の鹿が、交通事故ではないとすると、なぜ今ここで即死のような状態で死んでいるのか？　考えられるのはただひとつ、転落死だ。渓谷の反対側は15ｍ～20ｍ程のコンクリートで固められた垂直の崖だ。なにかに追われたのか、若鹿ゆえの過ちなのかわからないが多分間違いないだろう。まぁ、まさか将来を悲観しての自殺ではないだろうし。

よく見ると死体の１ｍほど横に、まるで風船に泥水を入れて2階から落としたような放射状の跡があり、私の推察は裏づけられたようなのでコレにて一件落着。

可哀想だが冥福を祈ります。

これから山に登ろうというのに、転落死とは縁起でもないが、気を取り直してさらに進む。まもなく見立渓谷にかかる中村橋を渡って日隠林道に入ると、すぐに道はダートになる。結構長い林道で、途中には日隠山の登山口もある。

そのまま進んで、山火事注意の赤い横断幕が見えると、そこがお化粧山登山口だ。予定ではここから、お化粧山、ブナの三差路を通って、お姫山、乙女山、目的地の五葉岳に至り、大吹鉱《おおぶき》山跡から林道を歩くという周回ルートでのチャレンジとなる。

いつものように身支度を済ませ、少しわかりにくい入山口から人工の杉山に分け入る。間伐や枝打ちなどの作業道らしい道をゆっくり登っていく。作業小屋を過ぎると少し急な坂になるが、少し登ったところで立ち往生した。

道がないのだ。涸れ谷のようなところの上部から10ｍほどの幅で、はるか下の作業小屋の近くまで崩壊している。しかし崩壊といっても岩や石はほとんどなくて赤土ばかりだし、下までの傾斜角度もせいぜい50度といったところか。見た目にはさほど怖いとは思わず、行けそうな気もする。

どうしようかと悩んだ。ここが通れないとなると、当初の計画はパーだ。たった10ｍほどの、時間にするとせいぜい15秒くらいの距離を歩けないというだけで、４時間の予定がすべてキャンセルになるというのか。

座り込んでタバコに火を付ける。若いときなら絶対行っている。二人以上なら多分行っている。高さはあるが、仮に落ちても死ぬことはないだろうし。

朝の転落鹿は神の啓示か、それとも悪魔の誘惑なのか。

悩んだ末に、結局引き返すことにした。もちろん登るのを断念するわけではなく、ただの予定変更だ。バイクまで急いで戻りそのまま林道を先に進むと、やがて大吹鉱山跡に到着。ここから仕切り直して五葉岳までの往復とする。たぶん中年ならではの妥協案だな。

正直に言うと、他の人ならあれくらいの崩壊地は渡っているだろうと思う。そして多分私も行けただろう。朝の、転落鹿の虚ろな目さえ見ていなければだが。

バイクを置いてそそくさと歩き出す。林道から右手の涸谷に沿って歩き、すぐに谷を渡ると下草の少ない林のあちこちに、可愛らしい山シャクヤクの葉が芽を出している。初めて見るが、園芸種とよく似ているのですぐにわかる。問題はその隣に芽を出しているヨモギのような植物だ。もちろん臭いもないし、よく見れば葉の形も違うので間違うことはあるまいが、コレが有名なトリカブトか。試しに、漢方生薬としてはウズとかブシと呼ばれるこぶ状の根っこを引き抜いてみた。確かに図鑑で見た通りの外観で、ちょっとかじってみたい気もするが冗談じゃ済まないよな。ちなみにタンナトリカブトという種類らしい。

テープの目印にそって、丘を越えて進んで行くと、間もなく樹木を伐採した急傾斜地に行き当たる。山の上部のまだ木々が残っているところまでは、かなりの高さがあり、途方に暮れると言うほどではないにしても、結構な心理的ダメージがある。同じ傾斜地でも雑木林の中を登るのならいくらか良かったのに。

鹿の食害を防ぐためか、伐採地のほとんどは防獣ネットで囲まれている。手作業でこのネットを張るのは大変な作業だろう。確かにネットのないところでは有毒のアセビ以外はほとんど生えていない。鹿も人も生きるのは本当に大変だよな。

樹木が切り払われているせいか、少し高度感を感じながら伐採地を上り詰め、再び人工林の中に分け入る。しばらく行くと山石がゴロゴロしている自然林に出た。そこからはほとんど直登で、大岩を乗り越えひと登りで山頂に到着した。

標高１５７０ｍの五葉岳山頂は白っぽいゴツゴツした岩の上だ。山頂を示すのは、手彫りで五葉岳と彫られた木製の厚い板がひとつあるだけ。見晴らしはよく、以前登ろうとして断念した夏木山らしき頂も見える。

昼食を摂ろうとおにぎりを出すが、さすがに山頂は風が強くて長くは居られない。南側には、新緑の苔に覆われ、白骨化した倒木などの見える鞍部があるので、そこまで降りることにした。

ガイド本によると、五葉岳とお姫山を繋ぐこの鞍部は瀬戸口谷分岐と呼ばれ、大崩山嶺の祝子川《ほうり》に続くらしい。メルヘンチックな山の名前の由来となっている、鉱山で働く男たちの性欲の対象として連れてこられた女性たちが、どこを通って目的地まで歩いたのかを私は知る由もない。けれど、ここの倒木に腰を下ろしてその身を嘆いたかもしれないなど と勝手に想像するだけで、娘をもつ親として複雑な気持ちだ。いわれのない貧困や自分の 意志が通らない理不尽な時代は、二度ときて欲しくないと強く思った。

帰りは来た道を引き返すだけなので、あっという間だった。登り口付近のブナやヒメシャラの林の雰囲気と、山シャクヤクの群生が一番心に残りそうだ。花の咲いたところをぜひ見たいが、なかなかこちらの都合とは合わないだろうな。縁が有ることを祈ろう。

今回もまた予定通りにはいかなかったが、これもまたよし。ただ、歩行時間が少なかったので少し物足りない。近いうちにまた訪れたいと思った。

追記

3週間後の5月初めにもう一度この場所を訪れた。残念ながら山シャクヤクの花は無かったが、雨模様の中ブナの三差路と呼ばれる小ピークを目指して登り、扇状に枝分かれした変わった姿のブナの木とも対面した。お姫山と乙女山の頂も踏み、とりあえずスッキリしたかな。

アケボノツツジの花を期待していたのだか、こちらは空振りだった。連休中にもう一度どこかに登れそうなので、次回に期待しよう。

春はアケボノ　笠松山　本谷山

今回は、３月に九折越で思わぬ大雪に阻まれて登頂を断念した笠松山に、アケボノツツジを見に行こうと思う。３日前に五葉岳にも行ってみたのだか、思ったほどの花には会えなかったのだ。ガイド本に写っているアケボノツツジはどれも素晴らしく、私が知っているツツジ類とは全く趣が違っているようだ。標高が１５００ｍほどの過酷な場所に、本当にあんなツツジの花が咲いているのなら是非とも間近で見てみたいと思う。さすがにもう雪ってことはないだろうし、笠松山は楽しみだ。

朝は4時前に出発。途中で朝食をとり、緒方町をぬけて九折越の登山口に着いたのが6時過ぎだった。登山届を書いてから、鉱山跡には行かずに左手の林道にバイクを乗り込む。橋を渡って少し行くと右手に分かれ道があらわれて、そこで右折する。谷に沿ってしばらく進むと開けっ放しのゲートがあり、傾山の坊主尾根ルートの登山口もある。だんだんと道はガレてくるし、結構大きな落石などもあって、クルマだとそろそろ限界だろうが、バイクはまだまだ平気だ。林道入口から20分程で、九折越ルートの林道出合いに到着した。

歩けば2時間近くかかる道のりを20分足らずで来られるのはとてもありがたく、時間短縮と体力温存の両方で嬉しい。しかもバイクでのダート走行も楽しめるし、一挙両得だな。

誰も通らないとは思うが、念のためバイクは邪魔にならない場所に止め、身支度を済ませてから歩き始める。林道からハシゴを登って斜面に取り付き、ガスのかかった急な山道をゆっくりと登る。傾斜はきついが道々の木々が目を楽しませてくれ、やはり早朝の森の中は気持ちいい。

標高1200mを超えてもさすがに雪は無く、ひと登りで九折越に到着。3月には無数のツララをぶら下げて凍えていた道標も、今日は薄靄《うすもや》に包まれて、ゴキゲンそうだ。

道標に従って笠松山を目指し西に進む。今日は九折越小屋には立ち寄らず、ミズナラやコナラらしき林の緩い登りをぬけると、周りにスズタケが現れてくる。例の遭難者の碑を探しながら歩くものの見つからない。どうも通り過ぎたようだ。

これという難場もなく、小屋から1時間半ほどで笠松山の山頂付近に付いてしまった。少し呆気なくて拍子抜けした感じだ。

頂上は縦走路上ではなく、それよりも少し北側にあり、ほんのひと登りで到着。残念ながらガスが濃くて展望はほとんどない。

笠松山山頂。標高1522m。まわりがあまり見えないからか、特に感慨は湧かない。しかし、展望がない代わりというわけではないだろうが、ガスに包まれながらも、そこかしこにうっすらとピンク色の花が咲いているのが見える。お目当てのアケボノツツジだ。風がとても強いので、ふっくらとした花たちは今にも飛ばされてしまいそうだ。しかし、柔らかそうな花びらは一見頼りなく見えるが、近づいてよく見ると意外と強靭で、強い風に激しく揺られながらも、ひと花ひと花がしっかりと形を保って咲いている。

ところで、私の家は代々続いている田舎の農家で、家の周りの土地だけはそこそこの広さがあり、庭にはツツジ類だけで40数株を植えている。おかげで子どもの頃からミヤマキリシマやヤマツツジ、園芸種のサツキの類なども見慣れていて、アケボノツツジに興味はあるが、実は、割とありきたりのわかりやすい綺麗さを想像していた。

そして実際に目の当たりにすると、花は大きめで色合いも美しく、なかなかに魅力的なのだが、なんとなく違和感を覚えるのだ。

私はこの時、アケボノツツジの最大の魅力と特徴は、花そのものの美しさだけではないのだろうと考えた。

そもそも、ツツジ類の木はとても成長が遅くて、幹の直径が10㎝程になるまでには数十年、場合によっては百年単位の年月が必要だと聞いている。しかし、ここらの木はそんなものではなく、この山頂付近の過酷な気象変化に耐えながらも、どれもツツジとしては文句無しに大木の部類だろう。

環境の厳しさを裏付けるように、枝はどれも節くれだっている。ただ、その枝ぶりは無造作というか、自然体というか、庭木のような見どころはなく、これといった特徴の無い伸び方だ。枝の一部が枯れ込んでいたり、木肌の色合いもくすんだこげ茶色だったりで、花がなければ間違いなく「老」の印象だ。

一方花そのものはと言うと、完全な濃いピンク色というわけではなく、花びらのところどころが淡い色だったりして、完全とか成熟とかいうイメージではなく、どちらかと言えば未成熟で可憐な印象。花の形も外に向かって反り返ったり、開ききったものではなく、どれも内側に向かって丸みを帯びた、蕾を連想させるものだ。

この花の「可憐」や「清楚」といった印象と、その花をつける幹の「老」の印象がとても対象的でアンバランスなものだから、違和感を覚えたのだ。

普通は花と幹の間には葉が存在し、特にこの時期なら、鮮やかな新緑が花をふちどり、幹の「老」をも覆い隠すはずなのだが、なぜかアケボノツツジにはその新緑の葉はない。老のさきには可憐なのだ。

これら老木たちが、この過酷であろう環境の中で諦めず、倒れ朽ちかけた我が身の一部を隠そうともせずに、強く清楚で美しい花を懸命に咲かす姿のイメージは「凛」だ。凛としているが、決して慎ましいというわけではなく、大木なだけにかなりゴージャス。木によっては圧倒的なボリュームのものもある。

「老」に「可憐」に「凛」。その妙なアンバランスさが垣間見せる、寡黙な労苦とその発露が、このアケボノツツジの最大の特徴であり、魅力なのだろうと思った次第。

理屈っぽい話はさておき、ひとしきり花を鑑賞してから縦走路に戻った。現在時間はなんと8時半。その気になれば今から傾山にでも楽勝で行ける時間だし、それも魅力的だが、笠松山から本谷山までの縦走路はまだ歩いたことがないので、このまま西に向かってみることにした。

早起きとバイクでの林道利用はずいぶんとお得だ。いまさらながらに、登山口から林道出合いまでの往復3時間あまりの短縮は本当にありがたい。

本谷山までは時間にして1時間程度、標高差で100m程なので、ゆっくりと稜線歩きを楽しむことにする。道すがら、縦走路から少し離れた所にもアケボノツツジが咲いており、靄の中にぼんやりと見えるピンク色の姿は、幻想的ですらある。

こまかいアップダウンはあるものの快適な縦走路に、もう一つ面白いものを見つけた。土の中からあちこちに見慣れない大きな葉っぱが生えている。濃くて艶のある緑色の葉、葉脈が葉のふちと平行にはしっているので、おそらく毒草のバイケイソウだ。

竹田や九重《ここのえ》の売店で見かけるギボウシ、山菜名でウルイという植物に良く似ていて、まれに誤食事故もあるらしい。毒は根に多く含まれていて、昔は殺虫剤としても利用したらしいし、薬用としての利用もあったはずだ。

常識的には、国有林での植物の採取は例え枯れ葉一枚でも基本的にはNGだ。しかし好奇心には勝てず、「抑えきれない学術的探求心のためなんだ」とかなんとか、ふだん考えた事もないような都合のいい言い訳をしながら、小さめの個体を引っこ抜いてみた。だが、意に反して根っこに特に変わったところはなく、期待していたこぶのような特徴もない。ただ、確かウルイの葉は長めの葉柄がついていたがこのバイケイソウにはなく、地面から直接葉っぱが生えている感じだった。

山菜好きの私にとって毒草は興味深く、怖いもの見たさも手伝って観察はとても楽しい。実際に触った感じや匂いなどはネットや図鑑ではわからないので、実物の観察は面白い。場合によっては舐めたりもしてみる。とはいえ○○ドラッグやイケナイ使用方法とかに興味があるわけではないので、くれぐれも誤解の無きように。

楽しい稜線歩きが続くが、残念なことに相変わらずガスがかかっていて、周りの景色が良く見えないまま、本谷山の山頂に到着した。以前は雪の中を反対側の尾平トンネルからこの本谷山山頂を目指して歩いたので、私の登山地図上での、傾山から古祖母山までの縦走路が、今ここで繋がったことになって嬉しい。

山頂には二人の先客がいた。面白いことに、ご年配の方の男性がなぜか私とそっくりの恰好だったので、見知らぬもの同士で指をさしながら笑いあった。服のブランドこそ違うものの、首下から靴までの配色がほとんど同じなのだ。彼のセンスがいくぶん若いのか、私のセンスがアダルトよりなのかはわからないけれど、記念に並んで写真を撮らしてもらった。

彼らはテント泊で縦走路を楽しんでいるそうだが、楽しい会話の中に特に興味深い話があって、それは次のようなものだ。

60歳をとうに過ぎた二人のご兄弟が、九州の岳人なら誰もが憧れるであろう祖母山から傾山を経て、新百姓山や五葉岳を踏み、鹿納山から大崩山に至るという九州では屈指の縦走路を、なんとぶっ続けの24時間で歩きったというものだ。正直なところ真偽のほどは定かではないが、たぶん距離にして40～50㎞はあるだろうから、本当ならたいしたものだ。まるで昔話に出てくる天狗のようだが、彼らはあちこちに逸話を残しているらしく、そういう人の話を聞くだけも楽しくて元気が出そうだった。なかなか彼らのような域には達しないだろうが、少しずつでも近づきたいものだ。

その話に感化されたわけではないだろうが、帰りのペースがとても速かったのには自分でも驚いた。

特に急いだつもりもないのに、バイクの置いてある林道出合いまで、2時間を少し過ぎたくらいで付いてしまった。ぼんやり3時間くらいはかかると予想していたので、正午前に下山するとは考えてもみなかったな。

景色はガスのせいでイマイチだったけれど、アケボノツツジは間近で見られたし、楽しい出合いもあった。せっかく時間はタップリあったのに、もっとゆっくり楽しめば良かったかなと思わないでもないが、これはこれでよしとしよう。

晴天には恵まれなかったが、楽しく快適な稜線歩きだった。満足だ。

出直しといで　大障子岩

以前、祖母山～傾山の縦走路にある古祖母山に登ったおり、その山頂から見た大分県側の急峻な山容が目に焼き付いてずっと気になっていた。祖母～傾山間の縦走路ではないので、なんとなく後回しになってしまっていたのだが、祖母山嶺奥岳川の北側に、まるで「通せんぼ」をしているように尾根がそそり立つ、障子岩と大障子岩に今回は登ってみようと思う。

ガイド本でみる大障子岩は標高のわりにとても大変そうで、単独登山は控えるように書いてあるし、歩行時間も長いので正直今まで尻込みをしていたのだ。しかし、歩行時間が8時間以上かかるというのもなんとか行けそうな感じになってきたし、ひとり登山でのコツや注意点みたいなものも分かりつつある今、そろそろチャレンジしてみようと腰をあげたというわけだ。

朝はいつものように暗いうちに出発。途中で朝食を済ませて、大障子岩の登山口でもある祖母山の下宮の健男社に着いたのが6時前だった。登山者かどうかはっきりしないけれど、駐車場には既に2台の乗用車が止めてある。邪魔にならないようにバイクは端っこに置いて、身支度もそこそこに出発だ。

劇毒植物とも言われるジギタリスらしき花が咲いている路地の入口から、民家の庭先を通るようなかたちで、小さな谷に沿って急な坂道を歩いて行く。この坂道だけでそこそこ高低差を稼げそうなくらい急な傾斜に早くも喘ぎながら、新しい砂防ダムの脇を超えて、人工林の伐採地に行き当たった。樹齢が50年を越えると思われるような木々を全伐して、伐採後の植林を終え、鹿の食害防止ネットを張りめぐらした植林地を通らせてもらう。

ところで、実は我が家にも先祖代々受け継いでいる山林があって、人工林伐採後の植林と後々の手入れの大変さは良く知っている。一連の植林作業は本当に大変で、ヒノキやスギの苗を担ぎ、山を駆けずり回って植えるのも重労働だが、さらに植えた後の5～6年間は毎年下草刈りをしなければならないし、枝打ちや間伐も2～3回で済まないのでなかなか楽なことではない。しかもほとんどの場合、苦労した本人にたいして見かえりはなく、子供や孫の代になって初めて日の目を見るような仕事なのだ。

よほど先祖に感謝して、子孫のために我慢強く数十年単位の仕事ができるような人でないと、なかなかマトモな山林には出来ないのだろうと思う。

もっとも、現在は法人組織が木材の売却益の一部と引き換えに、後の始末も請け負ってくれるところもあるらしく、高齢化と人手不足の昨今では、森林保全の意味でも心強いし山林所有者にとっても嬉しいことだ。

それはさておき、その人工林を抜けてしばらく進むと、大きな岩の間を縫うようにして流れる清流に行き当たる。苔むしてヒンヤリとした岩肌にたくさんのイワタバコが自生しており、岩から直接ペロンと1枚ずつ艶やかな緑色の葉っぱをたらしている姿がなんとも愛らしい。

たくさんあるので1枚ちぎって食べてみた。特に旨いということもないが、シャキシャキした歯ごたえとクセのなさが食える感じだ。できれば、おひたしとかでサッパリといただきたいですな。

少し採って帰ろうかとか考えていたのでイワタバコばかりに目がいっていたが、岩の間に隠れるように見慣れない草が生えている。どうやらこちらはモミジガサという山菜のようだ。山菜の中の山菜と言われるほどの人気者だったはずで、モミジの葉に似た葉っぱとシャキッと立った茎が特徴的だ。実際に見るのは初めてだが、これもまた旨いと聞いていたので、試しに葉が開ききって間もない様子のものをひとつちぎって食べてみる。

わずかに菊を想わせるような香りと、ほんの少しの苦味があり、みずみずしく爽やかな歯ごたえも相まって、この深山の清流を食べられるカタチにしたらこうなったとでもいう感じだ。軽く湯通しして和え物にでもしたら吟醸酒と合いそうだ。

よく見るとけっこうあちこちにモミジガサのような草は生えている。水の飛沫が掛かるようなところがお気に入りらしく、低い岩の上などにも群生している。ほとんどは葉が開ききっていて、食べ頃を逃した感じだったのがとても残念だけれど……。

休憩にしては少し長めの、文字通りの道草を食っていたわけだが、喉を潤し顔を洗ってから山歩きの再開だ。

ここからの傾斜はいちだんときつく、薄暗い森の中を黙々と歩き続けて、灌木のトンネルや大岩を越え、喘ぎ喘ぎやっとの思いで尾根道に出た。

尾根道はここまでの登山路に比べるといくらか緩やかで歩きやすく、多少のアップダウンはあるものの、展望のある露岩からはくじゅう連山も見え、前障子とも呼ばれる障子岩らしき頂も見える。

更に歩き続けること1時間。障子岩山頂直下に到着だ。到着したはいいが目の前には、手掛かりになりそうな草木ひとつ生えていない岩の小山が現れた。この、岩山を登るのか？

足元からの高さは10ｍくらいでそんなにたいしたことはないが、万一落ちるようなことがあれば南北どちらに落ちても結構な落差があり、ただでは済みそうにない。登山初心者が来るような山ではないのは承知の上でここまで登って来たのだが、真面目にここを登るのかいな？

とりあえず気を引き締めて、岩に取り付いてみる。見た目とは違って岩肌自体はとてもしっかりしていて、指がきっちり岩の表面をつかんでいけそうだ。ゴツゴツしている岩肌に靴底がちゃんと食いつく感じだし、いわゆる確保なしで登っても大丈夫そうだと感じたので、そのまま一気に登ってしまう。

意外になんということもなく登りついた私を待っていたのは、雄大で壮観な眺望だった。

標高１４０９ｍの障子岩山頂からの展望は、祖母山から始まる、障子岳、古祖母山、本谷山、笠松山、そして傾山へと連なる稜線が特に見事だ。さらにピークの確認はできないものの、新百姓山、夏木山、五葉岳や鹿納山を経て、大崩山へと続くと思われる深遠な森の連なり。遮るものも途切れることもない、山また山の広がりが壮観だ。西に目を向ければ、くじゅう連山から阿蘇に至る雄大な山並みが広がり、まるで九州山地を鳥瞰《ちょうかん》図でながめているようだ。

障子岩山頂の碑で写真を撮ったあと、これから目指す大障子岩の頂を望んで、西側に続く踏み跡を辿って歩いて行くと、草木は生えているものの途中から絵に描いたような断崖絶壁だ。おかしいとは思いつつも何とか行けそうなので、草木をわしづかみにして岩をひとつ越え降りた。さらに爪先立ちになるようにしてもう一段降りようとしたその瞬間、ザックのサイドポケットに入れていたペットボトルが音をたてて落ちていった。

後で考えると馬鹿みたいなことだか、この時は障子岩頂上の踏み跡が、そのまま大障子岩に続いているように思い込んでいたのだ。障子岩の基部の南側を巻いて進むのが本来のルートなのに、なぜか思い違いをしていた。事前にガイド本を読んだにもかかわらずだ。

自分の身代わりに断崖絶壁を落ちていった爽健〇茶に感謝しながらも、何となく気力を削がれてしまった感じだ。動悸が収まらず、大障子岩はまた今度の楽しみにとっておいて、今日はもう帰ろうかなどと考えてしまう。いったん弱気になると事が遊びなだけに、アッサリと心は下山に傾いてしまった。次はいつになるかわからないのに。

しかし、後で考えるとこの弱気な判断は正解だったようだ。と言うのも、下山途中の軽いアップダウンで、調子に乗って少し早足で歩いていたら、突然右足の内腿がつってしまった。余りの痛さに痙攣防止効果のある漢方薬、芍薬甘草湯《しゃくやくかんぞうとう》をザックから出そうとしていたら、今度は左足もつってしまい、冷や汗をかきながら30分ほどは動けなかった。薬でなんとか凌ごうという魂胆だったが、やはりちゃんとトレーニングしないとダメだな。

その後下山途中で80ℓほどの大型ザックを担いだ還暦すぎくらいの御仁に出会って、その馬力のよさに舌を巻いた。ペースは速いとは言えないもののしっかりとした足取りで歩いており、今夜は祖母山の9合目小屋に泊まるそうだ。

まだまだ5時間はかかりそうな道程なのに気負ったそぶりも見せず、サラッと言ってのける彼の姿はかっこよく、およばずで遅ればせながら、明日から少しずつでもトレーニングをしようと決心した次第だ。

その後はなんとか足もつらずに無事に登山口までたどり着いた。ガイド本の「健脚向き」に偽りはなく、なかなか歩き応えのあるコースだった。ただ、自分で決めたこととはいえ、当初の予定に反して大障子岩までたどり着けなかったことが少し心に引っかかる。いずれまたチャレンジすることもあるだろうが、山歩きで初めてすっきりしない幕切れとなってしまったのが残念だ。天候や地理的な要因ではなく、またケガや病気でもないのに途中であきらめたことや、それが正解だっただろうことが不甲斐ない。楽しいことも多かった1日だけにもったいないないな。

いずれにせよもう少し筋トレでもして、せめて内腿がつらないようになってから、いつの日か再挑戦することをここに誓います。

マイナールート？　傾山

2年前に今のバイクに乗り始めて最初に興味を持った山が、祖母山とならぶ県南の代表的な山、傾山だ。あちこちの林道の奥まった場所に佇む傾山の登山届箱になぜか執着して、各登山ルートの登山届箱を確認してはひとり悦に入っていた。

その中でも、特に気になる存在だったのが、豊後大野市三重町の稲積《いなづみ》鍾乳洞のさらに奥、大白谷手前の林道の脇に佇む登山届箱だ。いや、箱が気になると言うよりも、登山口全体の佇まいがなんとも好ましい感じなのだ。名は知らないが、登山届箱の脇にすっと立つサラサラした枝ぶりの1本の樹。苔むした杉林の木漏れ日の中で、緩い傾斜の踏み跡が静かに優しく山奥へ誘うような風情の登山口。私ならずとも、つい登山道に踏み込んでしまいそうになるはずだ。

今回はその「冷水《ひやみず》コース」と呼ばれている傾山への登山道を辿ってみた。

いつものように日の出前に出発して途中で朝食を済ます。三重町の中心部を過ぎて国道をはずれ、稲積鍾乳洞へと向かう細い道をバイクでトコトコと進む。鍾乳洞を過ぎると右手に大白谷方面へと道が別れ、そこからさらに3㎞ほど行くと、傾山登山口の表示と冷水のバス停が見えた。

このバス停の前の家には、道路に沿って長いロープが張ってあり、そのロープを伝って犬たちが移動できるように数頭の猟犬が繋がれている。この状況、犬好きの人以外はかなりビビること請け合いだ。大きな猟犬が大きな声で吠えながら勢い良く走ってくる様は、繋がれていると解っていてもかなり迫力がある。

ただ、街中にいるような普通の番犬とは違い、なんとなく吠えかたが大らかで邪険でないので、私は平気で頭を撫でるけれど。

すでに顔見知りになっているその犬たちに朝のあいさつを済ませて、バス停脇の林道にバイクを乗り入れる。大きなヤブマオのような草が群生している道を10分ほど進めば、目的の冷水登山口だ。

広い駐車場にバイクを止めて身支度を済ませ、登山届けに記入してからゆっくりと森の中に入って行く。夏の盛りなのに、さすがに冷水コースというだけあって妙にヒンヤリしている。地表のすぐ下を地下水が流れているような感じがして気持ちいいけれど、マムシやヒルがいそうだ。

杉林の中をしばらく渓に沿って登るのだが、すぐに支尾根らしき所にでた。かなりの急登が続いて息も上がってくるが、大きな岩を越えてしばらく登り続けると、やがて東傾山についた。

ここからは傾斜も緩んで、なだらかな尾根道らしい道が続くのだが、思いもよらなかったものに悩まされた。それはブヨの大群だ。天気が今ひとつで風もなく、だんだんと蒸してきたのも原因だろうが、とにかく酷い。

顔にまとわりついたブヨをタオルで払いながら50ｍほどダッシュ！　なんとか虫たちを引き離して振り返ると、直径１ｍほどもある球状のブヨのカタマリが、ちょうど私の顔の高さで追ってくる姿はホラー映画さながらの鳥肌ものだった。

まったく、この時ほど殺虫剤が欲しかったことはないな。

タオルを被り、まるでクルマのワイパーのように、アセビの枝で顔の前を払いながらのヘンな山歩きになってしまった。

やがて、私が傾山や山歩きに興味を持つきっかけとなった払鳥屋コースからの道が合わさり、ソデ尾と呼ばれる展望所についたのだが、残念ながらガスがひどくて何も見えない。せっかく山に登ったのに遠くの景色が見えないのは、やはりつまらないものだ。展望がないのでそそくさと先へ進み、アセビの多いホトクリ原と呼ばれる所を抜けて、ひと登りで山頂だ。

傾山、二度目の山頂。さすがに初めての時のような感動はないが、山頂周辺の佇まいは相変わらずだ。人の手ではとても醸し出せないような雰囲気があり、素晴らしいの一言だ。展望のない山頂にひとりきりで立っていると、岩にまとわりつくようにうごめくガスがなまめかしくも神秘的で、まるで秘境にいるかのような錯覚を呼び起こす。そして、雲の切れ目から時折さす真夏の強い陽光は、刹那に移りゆく幻想的な演出で、山頂付近の狭い範囲を特別な空間にしてくれた。

ちなみに、この傾山をはじめ祖母山系の山を、全国的に名の知れた山々と比べたならば、たぶんどこにでもあるような低山のひとつでしかないのだろう。

３０００ｍ級の山中で何泊もするような本格的な登山でなく、日帰り登山で十分なこの山々が私をいつも特別な気分にさせてくれるのは、ひとり登山というのが大きいのかも知れない。もちろん家族や友人とのハイキングも経験して、それがとても楽しいことも知っているけれど、あえてだれとも話さずにひとりきりで山の中にいることが格別な心のスパイスになっているように感じてならない。機会があれば単独登山のベテランの方に聞いてみたいものだ。

帰りは往路を引き返すだけだが、実はいつもこれがなかなか楽しい。特に今日はブヨに悩まされ続けた登りだったので、写真の一枚さえも撮れていない。気になる所があったが、ゆっくり止まってみる気にならなかったのだ。

山頂からの30分は、薄霧の中に白骨化したようなブナの倒木の林を歩いた。途中、露岩の上に微妙なバランスで立っている岩がある。どこからか降ってきたような様子でポツンと立っている姿がおもしろい。

ちょっと大きな地震が来たら転がり落ちて無くなってしまいそうな岩だが、良く考えてみたら、今ここにあると言うことは数万年前の太古から変わらずここにあるということなんだよな。平均台に乗ったメタボなおいさんみたいな格好で、数万年か……。

冗談のつもりで、渾身の力で押してみたが、もちろんビクともするはずもない。そのメタボなおいさん岩に別れを告げて、ブラブラ歩くこと40分。今度はアセビの尾根道に苔むした岩が現れた。

高さ1m、直径が2m程の岩に、なぜか直径20cm深さ10cmほどの綺麗などんぶり状の穴が空いている。もちろん人工的なものではないだろうが、どうしてできたものかが気になる。考えられるのは雨水の水滴による浸食だが、頭上には木の枝しかない。水滴でこれだけの穴を掘るのに何十年、いや何百年かかるものか見当もつかないが、成長するはずの樹木が同じ位置に水滴を落とし続けるとは、いったいどういうことだ？

どんぶりの周りにはしぶきがかかるためか、緑鮮やかな苔が生えている。成長が遅い木

の枝がかつてこの上にあったのか。それとも、リアルにこの枝がそうなのか？

いずれにせよ、時間というのは凄いエネルギーを秘めているものだと今更ながら感心した。そしてこの岩には、見た目そのままに「冷水の茶碗岩」と命名。どなた様も、後々までこの名で呼んで頂くようお願いします。著作権は放棄しますので……。

後は清々しい木々の林をぬけて、急な斜面を駆け下ると水の流れが現れ、朝の登山口へ到着した。

バイクのシートにザックを下ろしてスパッツを外すと、予想通りというかなんというか、そこには靴の中に潜り込もうと奮闘中のヤマビルが、合計7匹もうごめいているではないか。まだ被害はないものの、気色悪いことおびただしい。すぐに捕獲して抹殺したが、もしやと思い靴を脱いでみると、やはりいたいた。勘弁してくれよ。

やはり真夏の山歩きは、それなりの覚悟と準備が必要だ。マムシに遭遇しなかっただけでも良かったが、ブヨの大群には参った。それでも、天候は今一つだったにもかかわらず意外と楽しめたし、念願のコースの一つを攻略できたので満足だ。

辛くも楽しい山歩きだった。

月夜の　鹿納山

今年5月の連休に、五葉岳とその周辺の山々に登った折、福岡県から来られたというお二人とお会いした。そのとき、私は鉱山跡からほぼ直登で、個性的な姿のブナの木があるブナの三差路と呼ばれる場所を目指して登ったのだが、彼らは、以前私が登山道の崩壊で歩くのを断念した、お化粧山経由のコースを登ってきたとのこと。てっきり五葉岳を目指していると思いきや、南西に歩を向けて鹿納山を目指すとのことだった。

正直、福岡県からわざわざ来たにしては、この山域を選んだこと自体が地味な選択だと思う。しかし、天候もあまり良くはないのに、鹿納山への道のりを淡々とだが嬉しそうに話す彼らがとても印象深かくて、もしかしたらそこには他の山にはない魅力があるのではないかと感じた。

そんな訳で、我ながらしつこいとは思うが、またまた五葉岳登山口の大吹鉱山跡へと向かうことになった。

いつものように朝早くの出発。いつもはバイクだが、今日はひさしぶりにジムニーの登場だ。国道326号線を宇目方面へと南下し、途中で県道6号線へと進む。杉ヶ越のトンネルを抜け、見立渓谷に降りてしばらく行くと、日之影町の日隠林道入り口がある。橋を渡って林道を進むが、だんだんと路面の状態が悪くなってくる。普通の車高のクルマだとハラを擦ってしまいそうな所もあって、今さらながら四駆のジムニーは有り難い。

ところが、さらに奥へと進んだところに1台のワンボックスタイプの乗用車が止めてあるではないか。しかも驚いたことに少し車高を下げているような……。

なかなか根性のある持ち主に同情と敬意を感じながらも、私はジムニーで良かったとほくそ笑んでしまった。

デコボコした悪路に、体を前後左右に揺られながら進んでいると、前方に人の姿が現れた。Tシャツ一枚にザックを担いで歩く姿がなんとも勇ましく、体操選手のようなマッチョマンだ。

話かけてみると、先ほどのクルマは彼のものだそうで、もう少し道が整備されているものと思っていたそうだ。登山口への林道は、概ね夏山シーズンの始めは良く整備されているのだが、何度か台風を経験するとどうしても路面は荒れてくるようだ。

彼は、とりあえずは五葉岳を目指すとのことだったが、稜線歩きを楽しんだ後の最終目的地は、どうやら私と同じ鹿納山らしい。総じて、軽装でこなれた感じのいでたちは、若いのに山なれした雰囲気だ。

山上での再会を期して別れたけれど、私は彼よりも2～3㎞ほど余分にクルマでの移動があり、時間的には30分以上のアドバンテージがあるので、出会うとしても帰路になるだろうと思った。

さらにのそのそと悪路を進むこと十数分で鉱山跡の広場に到着した。予想通り一番乗りだ。


身支度を済ませて歩き始める。

下見を含めると4回目の登り口になるが、一人で山に分け入るときにはいつもなんとなく緊張する。しかし、私はこの一人きりで歩き始めたときの、全身に散らばっているセンサーが一斉に起動するような感覚がけっこう好きなのだ。

早朝の清々しい森、踏跡すらない木立の中をゆっくりと登って行く。今回は5月に雨の中を登った正規ルートより手前の、誰も登らなそうな西側の尾根筋から登り始めたのだが、それにはささやかな理由がある。

ここ2年の間に、祖母山周辺の山々をいろいろ歩いたが、いつもガイドのテープと人の踏跡に頼っての登山ばかりだった。それはそれでいいと思うが、常に持ち歩いているコンパスと地図の出番が一度もないことに、曲がりなりにも山歩きを趣味にしている者としては未熟さを感じていた。そうは言うものの、この歳になって誰も通らないようなルートを藪コギしながら、深い山々に分け入るほどの体力も勇気もない。そこで何度か登ったことのあるこの山域で、ルートファインディングの真似事をしてみようと思ったのだ。

ほんのお遊びのようなことだが、地図にはちゃんと磁北線を引いて、南南東のブナの三差路を目指して登って行く。

下草もあまりない森を好き勝手に歩く。帰りの目印にと、枯れ枝をあちこちの木に立てかけては喜んでいる自分が可笑しいが、全く知らないところだとそんな余裕も無いだろうな。

30分程歩くと踏跡が現れて、楽しいお遊びは早くも終了。その後も、樹木の密度が濃くなってきたブナとヒメシャラの森をしばらく行くと面白い物を発見した。

ブナらしい立ち枯れた木に、びっしりとキノコが生えている。褐色で肉厚な傘は椎茸に良く似ているし、傘は大きく柄も太くていかにも旨そうなキノコだ。以前、友人と食べたことのある天然のブナシメジとは少し違うようだが食用になりそうだぞ！

歩きながら辺りを見回すと、あちこちに同じようなキノコが生えている。少しくたびれた感じのものはさすがにあまりそそられないが、まだまだ若いキノコも大量にある。もしかしてここは宝の山か？

山菜についてならいくらかの知識はあるけれど、キノコ類は種類も多いし判別も難しそうなので、あまり知らないままだ。持ち帰って調べてみよう。

予期せぬキノコとの出逢いに心を踊らせながら歩いていると、やがて扇形の特徴的な姿の木が見えてきて、すぐに尾根道のブナの三差路に到着した。

この三差路で五葉岳方面と鹿納山、お化粧山方面に道は別れており、五葉岳方面に向かえば乙女山、お姫山などの眺めの良いピークがある。しかし、今日は鹿納山が目的地なので、迷わず南西を向いて歩き始める。

南には、その鹿納山と思しきとても尖った形の山が見えていて、その頭上には風が強い時に現れるレンズ雲が傘のような形で掛かっている。距離はたいしたことはないだろうが、ピークの登りはきつそうだし強風の影響もあるかもしれない。以前途中で登頂を断念してしまった大障子岩のことが頭をかすめたが、とりあえず今は目の前の明るく快適な尾根道を楽しむことにしよう。

道は緩やかな下りでとても歩きやすい。鹿の食害のためか尾根に樹木は少なく、白骨化した倒木と毒のあるアセビの幼木がまばらにあるだけだ。しばらく行くと目の前にちょっとした岩峰が現れ、道はそれを巻くように右に下って行く。荒れた急な坂をロープに掴まったりしながら降りて行き、岩峰基部からまた登り返す。その先も細かいアップダウンが続き、なんだか地面を這いずり回るような感じが妙に心地よく、知らず知らずにニヤニヤしているのに気づいて、声をたてて笑ってしまった。

ブナの三差路から30分程で、鹿納ノ野と呼ばれるところをすぎ、さらに20分でピークを間近に望む場所に到着。小ぶりながらそそり立つ岩峰を前にして、心が沸き立って来るのがわかる。水分補給のついでにひと息入れてから歩きだすが、ここからはさすがにちょっと骨の折れる道のりだ。急な斜面を下ったり、巻いたり、よじ登ったりと大変だが、心配したような風は無く、足下の斜面に集中できるので意外とスムーズに歩ける。這うようにして最後の岩場をよじ登ると、いよいよ山頂だ。


鹿納山、１５４８ｍの尖った頂上に立つ。

周りに視界を遮るものは無く、まさに３６０度の大パノラマに圧倒される。

北側に広がる傾山から連なる尾根筋は、本谷山の膨らみを経て祖母山へと続く。南側には大崩山やその後方へと深遠な山々が折り重なるような連なりを見せ、目の前には日隠山と思われる山が綺麗な円錐形で佇んでいる。

立っている頂が狭い上に、途中まではそれほどでもなかった風が結構な勢いで吹いており、揺られながら覗き込む足元もなかなかの高度感だ。

強い風は雲の様子を次々に変化させて、青空を舞台に様々な造形を見せてくれる。千切れたり、重なったり、追い越したり、消えていったりと、雲の織りなす複雑なショーは見飽きることがない。空全体の色合いや明るさも刻一刻と変化し、北の舞台と南の舞台に同時にクライマックスが訪れたりもして、一人きりの観客はけっこう忙しい。

ふと見ると、ここよりも僅かに低いもう一つのピークが南側のすぐそこにある。意識と視線はそこに釘づけとなり、気になりだしたらもうダメだ。脆そうな岩の先にあるその場所に行きたくなってしまってどうしようもない。「ほんの数メートル先の先端にわざわざ行きたがる、おまえは子どもか！」という心の声は聞こえたけれど「稚気と好奇心はオレの持ち味だろ」とかなんとか自分に言い訳しながら、腰を落として岩に跨がり這ってゆく。

岩峰の先端は少し平らにはなっているが、怖くて到底立てやしない。こんなところに立とうとする酔狂な人はいないのか、先端部分にはなにも無く、人が踏んだような痕跡もない。せっかくなのでケルンを積んでおいたから、訪れた際はご覧ください。

頂上に戻り、振り返ってひとりで満悦顔だ。自覚はしているが、我ながら馬鹿だよなぁ。

普段は頂上にあまり長居はしないのだが、ここはなぜか居心地がいい。気がつくと狭い頂上で1時間近くも風に吹かれている。他の山と尾根続きだということを忘れてしまうような孤立感と、狭い頂の先端感とでも言うような独特な感覚が心地よいのかもしれない。なるほど、他県からわざわざ来ても登るだけの魅力はあると納得した。

名残惜しいが、さすがに身体が冷えてきたし、誰も登って来ないので下山することにした。急な斜面を滑るように降りて、10分ほど歩いたところで朝のマッチョマンに出会った。

ここで出会うということは、私との時間差が1時間半にもなる計算だ。たかだか2～3㎞のクルマでの先行でそこまでの差が付くはずはなく、訝しく思っていたら彼の方から説明してくれた。

彼はお化粧山登山ルートからブナの三差路を目指して登り始めたが、途中で踏跡を見失ってしまったらしい。そのことに気づいたものの、上に向かって歩けばそのうち着くだろうとタカをくくって歩き続けたが一向に着かない。それどころかだんだん藪こぎのようになってしまったそうだ。

さすがに不安になってスマホのＧＰＳ機能を使って、なんとか尾根に出たとのことだった。

彼にとっては思ってもいなかった苦戦だったようで、日頃はくじゅう山系でならしているけれど、ここにくじゅうの自然公園のような感覚できたら死んでしまうかも……とのことだった。

私も同感だ。死んでしまうは大袈裟としても、林道などは必要に迫られてか整備されてはいるものの、如何せん登山者が少ないため登山道の踏跡は曖昧だったりするので、それなりの用心深さと山歩きの経験は必要だろうと思う。

彼に鹿納山の感想を聞かれたが、あと少しで着くことと、行く価値の有ることだけを伝えて別れた。

それからしばらく歩いていると、突然南の方から雄叫びが聞こえてきた。長く大きな叫び声で、彼が山頂で感極まったに違いない。苦労した後のあの山頂は、また格別だったろう。

しかし、私のアタマの中すでに旨そうな朝のキノコのことでいっぱいだ。早くブナの三差路までたどり着きたいのだが、注意力が散漫になったのか途中道を間違えてしまって、30分ほどのタイムロスだ。

もたもたしていたら、先ほどまで山頂に居たはずのマッチョマンに追いつかれてしまった。やはり彼も鹿納山に独特な魅力を感じたようで、興奮が未だ醒めやらぬといった様子だ。

まだ若いうちに、自分の足で自然の中を歩き回り、そのなかで実体験として得た様々な情報を蓄積していくだろう彼のことを、正直羨ましく思う。だが、彼が子どもたちの初等教育に従事しており、自分の体験したことを子供たちに伝えたいと聞いて、オヂさんはにわかに嬉しくなった。

近頃私は、野山にある情報量が、受容体である私たちの好奇心と知識次第で、無限に近いほど広がることに、やっと気づきはじめている。彼のような若者が実体験を元に自然を語り、楽しんでいるということが、とても頼もしく嬉しいのだ。そしてそれを正しく子供たちに伝えていけるなら、こんな良いことはない。もちろん、楽しんでいることについてだけは、私も負けてはいないつもりだけどね。

ブナの三差路までは一本道なので、彼が先に歩き、私がその後を追うのだが、あまりのペースの速さに閉口した。体力の違いは明らかで、私には負担を感じるほどのスピードだった。

彼には途中で別れを告げて、大切な用事をかたづけることにした。そう、朝のキノコだ。稜線からはずれた林の中の立ち枯れたブナの木に、ビックリするほどの数のキノコが生えているのを発見！　昼食を入れていたコンビニの袋いっぱい詰め込んで、どうやって食べようかと考える。とりあえずベーコンといっしょに包み焼でもしてみるか。

上機嫌で足取りも軽く降りていると、いつの間にか獣道に入り込んでしまったらしく、途中でコースを外れてしまっていることに気付いた。いつもなら迷った位置まで戻るのだが、方向も地形も問題なさそうだし、あと20分ほどで林道に出ると考えて、そのまま進むことにした。一応、万が一の時にはこの場所に戻ってこられるように赤テープで大きく標をつけてから歩きだす。

けっこう不安だったが、思った通り15分ほどで林道が見えてきてホッとした。楽しい出会いや嬉しい発見があり、とても楽しく思い出深い山行となった。なんといっても鹿納山が素晴らしくて、お気に入りの場所になりそうだ。

実は、今回は下山してからも笑える話がある。

持ち帰ったキノコはとても肉厚で旨そうなもので、帰宅後すぐに妻に調理してもらった。風呂から出て、ビール片手に賞味するつもりだったが、せめて名前くらいは知らないと話しのネタにしにくいので、インターネットで検索してみた。

生えていた場所や時期、生えかたやビジュアルを頼りに調べていくと、ムキタケというキノコらしいとわかった。しかし、全く同じ外観と生態の、ツキヨタケという毒キノコがあることもわかったのだ。見た目はまったく同じように見えるうえに、双方が混生することもあるという。

さらに調べていくうちに、見分け方もわかった。それによると、軸を縦に割いてみて、石づきの部分に黒いシミがあるとツキヨタケだという。だけど、たまにはシミのないツキヨタケもあるというから、わりと頼りない。毒キノコの誤食による事故の大半は、このツキヨタケによるものだという。

妻には、「絶対食べられる」と言ったものの、そうとわかればそのままというわけにはいかない。早速残ったキノコの軸を恐る恐る割いてみると、あるある黒いシミが！

せっかくの〈キノコとベーコン包み焼き〉と他のツキヨタケたちは、庭の片隅の地中深くに埋葬となった。

まったく、無知とは恐ろしい。もう少しで苦しんだ上に、とんだ笑い者になるところだった。

やはり知らないキノコには手を出さないでおこうと固く心に誓って、今回の山行は終わった。

貴重だが、バツの悪い体験だったな。

大分県民として　祖母山

秋も少しずつ深まり、山の紅葉が気になっている。先月登った鹿納山では、紅葉の気配すらなかったのだが、最近急に朝晩の冷え込みが秋らしくなってきた。家業の稲刈りも終わり、一段落ついた感じのこの時期は、都合の良いことにちょうど山の紅葉の時期になる。

去年はこの時期に障子岳に登ってとても感動的な体験をしたし、いまでもあの時の景色ははっきりと覚えていて、あちこちの山に出かけるモチベーションになっている。そして今回も、紅葉を楽しむならやはり県南の祖母山系が良いと思い、未だ歩いたことのない大分県側の尾根を辿って祖母山に登ってみようと考えた。

以前初めて登った祖母山は、宮崎県高千穂町の五カ所登山口からのチャレンジで、千間平や国観峠、山頂はもちろんのこと、帰り道の風穴ルートのきつい下山など思い出深い山行になった。しかし、そのころはまだ山歩きを始めて二度目ということもあって、大分県側の急峻な尾根に挑むような勇気も体力もなかったというのが正直なところだった。もっとも、今の私でも、当時山頂でお話しをお伺いした先輩方には到底およぶまいが、一応そこで見た山々の大半は登ってみたし、そろそろ人並みには歩けるのではないかと思えるようにはなった。そこで、大分側の一般的なルートである尾平登山口宮原コースに挑戦してみようというわけだ。

すでに冬の気配を感じさせる早朝の闇の中を、バイクをとばしていつものファミレスに駆け込んだ。朝食を済ませ、尾平登山口の駐車場に着いたのは5時半頃だ。紅葉の時期だけに既に何人もの先客がいると思っていたが、予想に反して車は1台だけだった。この時間の登山口はまだ真っ暗で、とりあえず樹の根元にうずくまり空が白むのを待った。

少し明るくなるまで待って身支度を済ませ、まだボンヤリと薄暗い林の中を歩きだしたのが6時半前。木々の間を抜けて広場に出ると、思った以上に明るくてすがすがしい。赤っぽい砕石が敷かれた道からは、これから登る山々の稜線がはっきりと見えるのだが、行く手を阻むようにそびえ広がる尾根を見あげて、思わず足が止まってしまった。

凄いギザギザの稜線だ。ノコギリ尾根と表現されることは聞いていたが、実際に目の前にするとかなり迫力がある。姥岳《うばだけ》とも呼ばれる祖母山の優しそうなイメージとは大違いで、黒々としたシルエットはとても険しく厳しそうだ。突出したようなピークもいくつかあるし、尾根の遠近がはっきりしないが、もし見たままのシルエットを歩くのなら、登攀用の特別な装備がいるのではないかと思えるほどだ。

普通に考えればいくら急峻とはいえ、一般的な尾根道のルートでザイルや何かが必要とは考えにくいし、一応初心者でも大丈夫なコースだということを思い出し、気を取りなおした。

意外に川幅のある奥岳川に沿って進むと、すぐに吊り橋が見えてくる。私のような登山初心者にしてみれば、深山幽谷へ誘う演出としてこの吊り橋はとても素敵だ。この尾平登山口に慣れている人には笑われるかもしれないけれど、ガイド本でこの橋の写真を見ながら近いうちに必ず渡ろうと思っていたので、それを目の前にしてなかなか感慨深い。

この橋のたもとでルートは二手に別れる。一方は、険しいと評判の黒金尾根を障子岳と祖母山の尾根の鞍部に向かって登る熟練者向きのルート。もう一方はこの橋で奥岳川を渡り、祖母山と大障子岩の縦走路上の宮原という三差路に登り着き山頂を目指す一般的なルートだ。

黒金尾根から祖母山頂へと登り、宮原を経由して降りてくるという周回コースも考えてはみたが、そこまで歩ける自信はないし、吊り橋とその先に広がる森や、ガイド本で読んだ痩せ尾根の魅力には勝てず、結局宮原コースの往復で登ることにした。

川面からすぐの位置に掛かった小さな吊り橋は、例えば歩行者用としては日本一の高さと長さを誇る、九重《ここのえ》の夢吊り橋のようなものとは全くの別物だ。観光のためのものとは違う、無造作で無骨な造りの吊り橋から見る川床には、様々な色の岩塊が折り重なり溶け合うように広がる。

その起伏を舐めるように流れる水の躍動感と絶え間なく流れる様子がなんとも素晴らしくて、つい足をとめて見入ってしまう。過去には鉱山による汚染もあったと聞くが、今はそんな印象は微塵もなくて、祖母山の雫は清くとうとうと流れているだけだ。

橋を渡るとまたすぐに別れ道がある。林道を経由する道と、森の中を進む道だ。林道側の方が少し時間はかかるらしいが、もしその林道がバイクで通れるような道なら興味深いし、下見がてらにこちらを歩いてみることにした。

登り始めから、思いのほか急な道を歩いていくと20分ほどで林道に出た。なかなか立派な道で、左に進めば祖母山で反対側は大障子岩方面のようだ。林道としては広くて平坦な道なのでバイクなら楽勝だろう。帰りに時間があれば入り口を探してみたい。

その林道を少し行くと、杉の切り株にチェンソーで矢印を彫ってある。その矢印に従って道から谷へと降りて行き、流れを渡る。結構水量もあったが、何とか足を濡らさずに渡りきることができた。

谷を渡りきると後はひたすら登りだ。さすがに大分側の尾根は急峻で、宮崎県五カ所からの登山道とはずいぶんと趣が異なる。

岩や木の根をつかみながら自然林の中を這い登るようにして歩いていく。１００m毎に表示されている標高を始めのうちは励みに感じていたものの、だんだんと疲労してくるにつれて、正直くどいというか余計なお世話というか、先回りして急かされている気がして妙な気分だ。登った距離や労力の感覚が実際に稼いだ標高差になかなか追いつかないようで、せっかくの親切に対して甚だ申し訳ないのだが……。

それはともかく、登山道周辺の木々はどれも大木だ。モミかカヤかツガかさっぱり見分けはつかないものの、針葉樹の大木があちこちにあるし、中低木の種類も様々で豊かな森の雰囲気が素晴らしい。所々には私の好きなヒメシャラもあって嬉しく、道の両脇はスズタケが茂っていて見通しがきかないものの、時折見せる森の様子が興味深い。

登山口から2時間20分。ひたすら登りばかりだったが、ようやく主稜線との三差路の宮原に到着した。標高１４００mの空は明るく、紅葉した木々が出迎えてくれる。

スズタケと紅葉に囲まれた道標はシンプルに祖母山頂への方向と大障子岩への道を教えている。もちろん今からは祖母山に向かって歩くのだが、なぜか反対側の大障子岩に向かう道がとても気になる。少し下り気味の道の両脇にはスズタケが生い茂り登山者の踏むべき道を際立たせていて、まるで誘われているような印象だ。ここに限らず、自分にとっての未踏の道はいつもわくわくするほど魅力的で、障子岩へのこの道もいつか必ず歩いてみたいと思った。

小休止の後、こちらも初めてのルートである祖母山頂への道を歩きだす。ここから山頂までは1時間半くらいはかかる予定だ。歩きだしてすぐにスズタケのトンネルや様々な色合いの紅葉が出迎えてくれる。30分程でまわりが開けてきて展望がきくようになると、その眺めと高度感が素晴らしくて足が止まってばかりだ。特に馬の背と呼ばれる痩せ尾根から望む山々は複雑な色彩に彩られており、改めてこの山域の自然林の豊さを実感できる。常緑樹の緑と落葉樹の黄葉や紅葉、さらに同じ木でも鮮やかなものや茶色にくすんだものまで、多種多様な色合いのグラデーションに目を見張る。神社仏閣のようなモミジの名所の、単色に近い赤色の息をのむような紅葉も迫力があって素晴らしいけれど、ここの樹木の多様性からくる美しさも、また格別なものだ。

馬の背周辺の開けた尾根道はとても心地よくて、特に山頂まで行かなくても十分楽しい気分にさせてくれる。いつまでも留まっていたいと思う気持ちを動かしてくれたのは、山頂直下に建っている山小屋、9合目小屋だった。前回、五カ所登山口から登ったときにはなんとなく余裕がなくて立ち寄らなかったので、気にはなっていたのだ。

おそらく30～40分で行けるだろうと見当をつけて歩きだす。途中で前日から小屋泊をしていたという人たちとすれ違ったが、彼らは大きなカメラを持って、山の景色よりも道々の植物たちに興味がある様子だ。私から見れば何の変哲もない普通の雑草のように見える草花をしきりに観察したり撮影したりしている。

ところで唐突だが、私の高校生のときのあだ名はイノシシだった。猪突猛進的な柔道部員だったことも関係していたのかもしれないが、たぶん当時の友人たちは、私の考え方や行動が単純で短絡的なところや、視野が狭くて融通がきかない一面などを揶揄していたのだろうと思う。大人になり、それなりに常識的な社会人として過ごしてきたものの、いまだにその傾向は自覚している。特に趣味や遊びにおいてはその傾向は強くて、その時点で自分の興味のあること以外には全く関心がわかず、隣で誰が何をしていようとあまり気に留めるようなこともない。あくまでも、我は我、彼は彼の境地なのだ。

しかし、近ごろはけっこうな心境の変化があったりしている。特に山に登っているときは、今までだと気にもとめなかったような、他人のしていることがとても気になる。自然の中を自分の足で歩くことで、見るものや聞くものの中に、自分の知らないことが多すぎることにやっと気がついたようで、少しでも身の回りの自然のことを知りたいという欲求が強いのだ。

草花や樹木の名前に始まり、その特性や利用法を含めた文化的なエピソード。鳥や小動物の生活の痕跡と、それを取り巻く地形や気候風土、気象や地歴との関係。残念ながら今の私は何も知らない。

もちろん本やインターネットである程度の情報は手に入れるが、実物と見比べてなんらかの考察がないと、長年甘やかした脳味噌にはなかなか知識として留まってくれない。知っている人には当たり前のような事でも、本を片手に確信に至るまではけっこうな時間と手間がかかるものだ。

また、自分では今のところは興味がなくとも、他人が興味を持っている事柄には必ず何らかの魅力があるものだと、やっと思えるようになった。そして、その事柄に関して彼らはみんな先輩なのだとも。

いい歳をして今さらかと言われそうだが、本当なのだから仕方ない。

ということで、この風光明媚な秋の紅葉の中にありながら、何の変哲も無さそうな草花を撮影、観察する人たちを、そっと聞き耳を立てて観察するオヂさんの図となるわけだ。こちらから話しかけるのがためらわれるくらい彼らは黙々と撮影している。さすがに邪魔をしても悪いので、諦めて先に進む事にした。

両脇のスズタケをかきわけながら進むこと30分ほどで、9合目小屋に到着した。ちょうど管理人が外で作業中だったので挨拶をして、水場を使わせてもらおうと思ったが思い直してやめる。

率直に言うと、想像していたような山小屋のイメージではなくて、ある意味拍子抜けしてしまった。必要に迫られてのことだろうが屋根に輝くソーラーパネルや、無聊を慰めるためなのか何かの合図なのかは知らないが、大音量で流している人工的なしらべなどが、この山域の雰囲気にはそぐわない感じがした。山小屋の役目や、管理人のご苦労は容易に想像できるだけに、なんともやるせない残念さだ。

個人的な楽しみのために一時的に通り過ぎる登山者が何を言っても詮無きことだが、そもそも不便や多少の過酷さは覚悟の上で、非日常を楽しみに登ってくる人も多いのではないかと思うので、できることなら傾山と笠松山の間にある九折小屋のような雰囲気が欲しかった。無人であるが故に登山者みなのものだという感覚と、山小屋本来の役目であろう避難所的な風情が感じられると嬉しかった。誤解を恐れずに言えば、他人の家の庭を使わせてもらうような肩身の狭い感覚を覚えたのが私だけならよいのだが。


小屋の横を通って、少々足下の緩い急斜面をひと登りすれば、祖母山頂に到着だ。

ここはまさに360度の展望。しかも今日は特別な景色が広がっている。阿蘇からくじゅう連山にかけて見渡す限りの雲海が広がっており、遥か下にうっすらと透けて見える竹田方面の町が幻想的だ。その向こうに浮かぶ島のように見えるのが久住山近隣の山々で、黒々とした大船山《たいせんざん》がこの特異な風景を引き立たせている。北側には他に頭を出している山が無いものだから、自分自身も雲の上に浮かんでいるような錯覚を覚えてしまうほどの見慣れない光景だ。

一方、南東側の雲はそれほどではなく、障子岳や古祖母山を経て傾山までの連なりが良く見える。紅葉は思ったほどはっきりとはしないけれど、なかなかのものだ。

前回ここに立ったときはまだ傾山にしか登ったことがなくて、なんとなく焦燥感を抱いたものだが、今日は少し余裕を持って山々を眺められていることが嬉しい。

傾山、笠松山、本谷山、古祖母山、障子岳、以前登った山々は、どれもこれも思い出深く楽しい山行だった。大障子岩だけはまだ山頂を踏んでいないものの、祖母~傾縦走路で、未だ歩いていないという道もだいぶ減ってきている。それなのに、まだまだ初心者の域を出ていない自分が頼りなく、おかしくもあるな。

しばらくボンヤリと非日常的な風景に見入っていたが、風を宿した薄雲が流れ動き出すまでには、もうあまり時間が無さそうだ。祖母山頂のすぐ下のあたりではすでに雲海は消えつつある。

ほんの刹那の風景を写真に収めて休憩していると、荒い息づかいと賑やかな嬌声を伴って若い男性が登ってきた。彼は黒金尾根ルートからだそうで、しきりに「キツい」と「疲れた」を連発して、地べたに座り込んでいる。持ち物や格好は海外の有名ブランドで揃えているが、どうも私とあまり変わらないくらいのレベルのようだ。

親しみを感じて話しかけると、やはり登山を始めて間もないとのこと。驚いたことにアプローチの方法も似ていて、バイクで各地の登山口まで行き、さっと登ってさっと帰るのが彼流だそうで、県外から大分にはよく来るとのことだ。案の定祖母山は初めてらしいが、羨ましくも若さと体力にモノをいわせて黒金尾根からの宮原周回ルートを選んだらしい。登山道の感想を聞いても、やはり「キツい」と「疲れた」が多く、景色を楽しみながらというよりはタイムアタックのような登りかたみたいだった。私にはできそうにないが、そういうスタイルもあるのだろう。人それぞれだな。

名残惜しいのはいつものことだが、山頂の祠に挨拶をして、身体が冷え切らないうちに下山を始める。往復の道なので、気分的にとても楽だ。馬の背を経て宮原まではあっという間で、それからも特に辛いといったこともなく順調に歩き、3時間あまりで登山口に到着した。

登り始めの印象とはだいぶ違った、穏やかで楽しい7時間の山旅は、また次の山へと私を誘うのだろう。

まだまだ紅葉は楽しめそうだし、雪が降るようになるまでには、もうしばらくはありそうだ。さて、次はどこにしようか。

歩き三昧　三俣山

山に登り始めたきっかけを人に尋ねられることがしばしばある。これといった明確な理由があるわけでもないので、いつも答えに窮するが、直接のきっかけは傾山の払鳥屋登山口にある登山届箱に興味を持ったことのようだ。

ただ、実際に登るまでにはそれから半年以上かかっているし、他人にわかってもらえるような収まりの良い文句が浮かんでこないのも本当だ。

ただし、仮に山歩きのどこに魅力があるのかを尋ねられたとしたら、いくつかの魅力の中に確実に入るだろうという答えがある。それはブナを中心とした懐の深い森の魅力だ。個人的には魔力と言ってもよいほどの強烈な磁力を感じる森は、多様な生命とドラマを宿していて、いつ訪れても必ずなにかを与え諭してくれるのだ。

そんなわけで、それでなくてもワンパターン好きな私は、ついつい県南の祖母〜傾山系の山か、宮崎県北部の深い森のある山域を選んで登ってしまうのだが、今回こそは一度趣向を変えてみようと思う。

　ところで、私たち大分県在住のバイク乗りはほとんど例外なく、夏の間は暑さから逃れるようにくじゅう連山のやまなみハイウェイを目指す。バイク乗りが「山にいく」という場合は、祖母山や傾山ではなくて「やまなみ」にいくということなのだ。私もひと夏に二度三度と長者原《ちょうじゃばる》や瀬の本、大観峰《だいかんぼう》を訪れてひとときの涼と独特な避暑地の雰囲気を楽しんでいるのだが、今まではバイクで通過するだけだったこの山域に、今年はとても心惹かれ、登ってみたいと思わせる山が現れた。それは長者原から望む、なんとも個性的な姿の三俣山《みまたやま》だ。

　これまでも何度も長者原で休憩し、目の前に横たわる三つ叉に見える山塊を幾度となく眺めてはいたが、それはあくまでも眺める景色であって登ろうと考えたことはなかった。しかし、先日祖母山から眺めた幻想的なくじゅうの山々が目に焼き付いていて、今回はこの山に登ってみようと思いたったのだ。

　登山の日の朝はたいてい早いのだが、今日は林道などではなく、一般道を乗用車で登山口まで行けるという安心感もあってか少し遅くなってしまった。長者原の登山口に着いたのは6時半で、身支度を済ませて歩きだしたのはすでに7時を過ぎていた。

　レストハウスの横を奥へと進み、昔の鉱山道に足を踏み入れるとすぐに九州自然歩道への別れ道が現れるが、ここは直進する。

この整備された登山道は、いつも私が好んで歩いているような、倒木や落石などで荒れた登山道か獣道かわからないような山道に比べると全くの別物で、まるで早朝の公園を散歩しているかのような心地よさを感じる。あたりを見渡しても背の高い樹木は殆どなくて、見晴らしのよい草原が広がっている。

そのうちだんだんと傾斜もきつくなり、身体も温まってきた。登山道らしくない道が続くものの、一応いつもと同じように水分補給をこまめにしながら歩いて行く。徐々にまわりの雰囲気も変わってきて、公園のような安楽さは影を潜めてきたようだ。砂防ダムを過ぎ、本気で落石が起きそうな斜面を横目に歩いて行くのだが、思った以上に山の雰囲気が県南の山とは違う。

樹木が少ないとか、岩がゴロゴロしているというだけではなく、なんとなく生き物の気配が感じられない。実際には幾種類かの小動物もいるのかも知れないが、この美しい自然の中に居るのに、なぜか人工物に囲まれているような違和感を覚えてしまう。

加えて、人の手を入れないと地形の変化が進みそうな危うさもありそうで、日頃は考えない治山という言葉が実感を伴って頭に浮かんでくる。もちろん私も、人工林はもとより樹木豊かな自然の森でも、人の手を抜きにはなかなか現状を維持できないことは知っている。ただ、森には自然治癒能力のようなものもあって、少々の土砂崩れや倒木、落石などの傷痕は草木がすぐに覆い隠してしまう。台風などで変わってしまった景色も時間が経てば周囲に馴染んで、前の跡形もわからなくなる。特に森の縁にあたる場所は、伐採などで切り開いたとしても、まるで動物の侵入を拒むかのように、すぐにトゲのある植物や株立の低木などが森の傷口をふさぐように生い茂り、森は閉じられてゆく。

ここにはその自然治癒の気配が感じられない。むき出しの岩々が痛々しい感じなのだ。初めての風景の中をキョロキョロしながら歩いていると、途中で枯れ谷のような所に出くわした。その谷を渡って黄色のペンキで印された案内に従い、岩だらけの斜面を登ると、まもなく三俣山の取り付き点のすがもり越しに到着した。

この峠に佇むすがもり小屋休憩所は、石とコンクリートで造られた頑丈そうな建物で、噴石や落石、そして落雷を避けるための大切な避難場所のようだ。

そしてここには愛の鐘と呼ばれる小さな鐘がある。昭和30年代の後半に起こった遭難死亡事故に因んで設置されたそうだ。

ことの仔細は知らないものの、なぜくじゅうのような見晴らしのいい山域で遭難するのか理解できなかったが、実際にこの場に立っていると、なんとなくこの山域の持つ二面性が想像できる気がしてきた。

スケールは比べるべくもないが、例えば富士山は夏の好天のもとでは、誰でも登れる偉大な砂山だという。しかし冬の富士山は独立峰であるがゆえに、８０００ｍ級の山よりある意味過酷だと聞く。登ったこともないのでたいそうなことは言えないが、山はシーズンや天候で大きく様相を変えるものだというのは確かだろう。

例えが大袈裟だが、この三俣山でも、雪のシーズンに天候が荒れたりすれば、遭難する事もあるかもしれないと思う。現に今日は天気が良いはずなのだが、だんだんと濃いガスに包まれてきて、視界がとても悪くなってきた。見通しさえ効けば、まわりに遮るものは少なくて方向や道を見失うこともまずなさそうなのだが、初めての登山で周りが見えないと結構不安だ。念のために雨具を身に着けてから、目の前の斜面に取り付いた。

背の低いクマザサに覆われた踏跡をたどり登って行く。水流れの跡と人の踏跡が似ていて、どちらかわからない所もあるが細かいことは気にしていられない。これまでもガスの中を歩いたことがあるが、いつも樹木の中だったからか、そこまで不安に思ったことはなかったのに、ここは真面目にまずい感じだ。コンパス以外に頼るものがなく、歩いている道にも殆ど特徴がなくてずっと同じような道だと感じてしまう。登りはまだいいが、下りは少し不安だな。

後にも先にも誰もいない、まっ白な霧の中を一人で歩いていると、本当は清々しくて爽やかな山なのだろうが、なんとも言えない心細さだ。まぁ、宮崎県の鹿納山とかで迷うことを思えば、多分同じ山域に人は沢山いるだろうし、たいしたことはないだろうなどと思いながら歩き続ける。

30分ほどで、西峰に到着した。１６７８ｍの頂上は石だらけだ。周りはまっ白でなにも見えないし、第一、本峰への道がわからない。座り込んで地図を取り出し、コンパスで方向を確かめる。見当を付けて立ち上がろうとした時、話し声が聞こえて男女の二人組が表れた。

彼らは山頂標の周りをぐるりと回ってからためらうことなく歩きだしたのだが、その方向が私の考えていた方向と全然違う。彼らの格好や様子からこの山は慣れているように見えたので、自分の見立てた方向が違っていたのかと思い、軽い狼狽を覚えた。再度地図を出して確かめてみてもやはり間違ってはいないようだ。念のためその方向に行ってみると踏跡らしきものがあり、また彼らが消えていった方向にも同じような跡があった。しかしよく観察すると、彼らが選んだ道には実際の靴跡は殆どなくて、人が歩いた跡としてはなんとなく不自然だ。

特に急ぐわけでもないので、しばらくその場で様子を見ることにする。

タバコをくゆらせて休んでいると、あとから一人、また一人と登ってきたが、みんな休憩し始めて誰も本峰へと進まない。そのうち、なんと先ほどの二人組が戻ってきた。やはり方向が違っていたらしく、山頂標の前にザックを下ろして座りこむ。

この場所に私を含めて七人の登山者がいるが、もしかしたら全員が道がわからなくてここにいるのかもしれない。まさかとは思うが、もしそうだとしたら怖いことだし、それ以上に滑稽だ。みんな誰かが歩き出すのをじっと待っているのかもしれないと思うとおかしくて、自分のことは棚に上げて笑ってしまった。

とはいえ、いつまでもここで固まっていても仕方がないので、自分の見立てた道を歩こうと立ち上がる。ちょうど同じタイミングで私よりも少し年上と思しき男性が登ってきて、一瞬だけ立ち止まって西峰の標を一瞥し、またすぐに歩き出した。その方向が私と同じだったので、心の中で小さくガッツポーズだ。

少し下ってから登り返すと20分ほどで本峰についたが、やはり濃いガスに包まれて展望もなにもない。天気がよければ１７４５ｍの頂上からの眺めは素晴らしいものだろうが、残念ながら今日はなにも見えない。見渡す限りの真っ白な霧の中ではすることもなく、そそくさと降りはじめる。

本当は南峰を経由して雨ヶ池に降りるつもりだったのだが、このガスではそんな気にもなれず、往路を引き返してとりあえずすがもり小屋までもどることにした。

下山途中、すでに10時半を過ぎているが、やっと登山者が増えてきたようだ。団体で登られている方々が多くて、さすがにくじゅうの山だと思った。まさに老若男女、様々な格好の人たちとすれ違う。

その中でも、私と同年代くらいのおじさんが、カラフルなスパッツに短パン姿で颯爽と歩く姿には強い衝撃を受けた。祖母山や傾山では絶対に見かけないタイプの格好だ。しかもそういう人は何人もいるし、意外とカッコよく似合っているから不思議だ。やはり「登山」ではなくて「トレッキング」という観点からみると、意外と理に叶っているのかもしれない。ただ、私にはとてもその勇気はないし、ヒルやマムシのいる山域ではたぶんアウトだろうけど。

すがもり越しに降り立ったのは11時前だった。予定よりかなりの遠回りになりそうだが、山頂からの眺めがなかったぶん、思いっきり歩いてスッキリしようと、このまま坊ガツル経由の雨ヶ池回りで帰ることにした。

峠から岩だらけの斜面を南東に下り、降りついた場所にはこれまで見たことのないような光景が広がっていた。北千里浜と呼ばれているらしいが、浜というよりも、水が干上がった河口近くの川床のようだ。

まわりの山肌は火山岩が黒々としていているのに、この川床の部分だけは白っぽい堆積岩のような小さい石で覆われている。久住山から流れ出る雨水がここを通って雨ヶ池付近まで流れるのだろうか。地形的にはそんな感じだが、水は流れてないにしろ、標高が１５００ｍほどの場所にまるで２級河川のようなものがあるというのがとても不思議だ。

その不思議な川床を法華院温泉に向かってゆっくりと歩く。途中で会う人たちはみんな数人のグループで、ガイドらしき人と歩いている。トレッキングツアーというのか、いわゆる「登山」というイメージとはだいぶ違うようだ。

山頂を目指して藪をかき分けるようにして登る山は、自分も野生動物に戻ったような気がして確かに楽しいが、ここのように綺麗で開けた山の中を、のんびりと安らかな気持ちで歩くのも思いのほか楽しい。

川床の砂を踏みしめて歩くこと十数分で今度はガレ場が表れた。はやい話し川が滝になっただけだが、なんだか嬉しいようなホッとするような気持ちになるのはどうしてだろう。実際には小道があって降りてゆくだけの道に、樹木が現れてきたのが嬉しいのだろうか。自分でもよくわからないが、草木のある見なれた配置の風景もいいものだと感じた。

法華院温泉山荘は魅力的だったが、ヘタに寄ると後で歩くのが面倒くさくなりそうなのであえてスルーした。はじめからここに泊まるつもりで訪れたなら、どんなに素敵な山行になるだろうと思いながら……。

一息で坊ガツルまで下って、湿原のなかの道を大股で歩く。左手には山裾を紅葉に彩られた三俣山を見ながら、広々とした草原に向かって進む。本格的な林道でもない平坦な田舎道を歩いていると、山登りに来たことを忘れてしまいそうだ。

ちょうど三俣山の周りをトレースするように進み、途中からはモミジをはじめとする中低木の森へと入ってゆく。寒暖の差が激しいのか、紅葉の色が素晴らしく綺麗だ。

朽ちて濡れた焦げ茶色の倒木に、真っ赤なモミジと他のカエデの類いや、ケヤキの鮮やかな黄葉が折り重なる。さらにその脇にある新鮮な緑色の苔などが加わって織りなす色味と景観は、まさに日本的な美しさだ。

これといった大木のないこの森は主に中高木が集まった樹林帯で、割と明るいこともあり、林と呼んだ方がしっくりきそうだ。樹木の種類は多そうなのだが、ちゃんと識別できないのがもどかしい。この林特有の木々もあるのだろうが、どれも素人には同じように見えてしまうのだ。

灌木の林をぬけると雨ヶ池らしきところに出た。特に池らしくはないのだが、ガイド本によると雨の後だけ水が溜まるとのことだ。

湿原の中の立派な木道を一歩一歩踏みしめるように歩く。一風変わった道で、今までこんなところを歩いたことがなかったので、子どもような気分になれて楽しい。この木道は、目の前に広がるこの素晴らしい景観を保ち、多くの人に楽しんでもらえるようにと設置してくれているものなのだろう。とてもありがたいし、管理当局や関係者の方々のご努力と、この山域への愛情が感じられて、気ままな訪問者としては頭が下がる思いだ。

途中、数組のグループに会った。みんな今夜は法華院温泉山荘泊まりだそうで、羨ましいかぎりだ。確かに日帰りで慌ただしく歩くようなところではないと思うし、都合がつけば、家族での一泊のトレッキングもいいかもしれないと思った。

雨ヶ池から30分ほどで、また樹林帯に入ってゆく。この林には所々に木の名前を書いた札が下げてあって嬉しい。聞きかじった名前もあるが、実物を見ても幹の木肌だけではなかなか記憶には残りそうにないのが残念だが……中には「サルナシ」などという面白いものもあって、興味は尽きない。

キョロキョロ、ウロウロしながら歩いていると、まさに美しい林の中を散策しているといった趣の、とても綺麗な若い女性に出逢った。長者原から一人で歩いてきたらしいのだが、清楚な印象ながら麗《うら》らかで、木々を見渡す仕草にも知的な雰囲気がある。センスはいいのに気負いのない服装、登山靴やザックの様子から結構山慣れしているとお見受けした。

恥ずかしながら、よく考えれば自分の娘とあまり変わらないくらいの年頃の女性に、ありきたりの挨拶と「お気をつけて」というのが精一杯で、気の利いた会話のひとつも出来ない、いい歳をした歩くオヂさんなのだった。

後は30分ほど歩いて朝の長者原に到着。振り返って見れば、すっかりガスの晴れた三俣山の山頂が見えている。

もしかしたら、今日はあまり朝早くない方が良かったのかもしれない。少しタイミングがずれていたような、ちょっと悔しい7時間の山旅だった。

三俣山の魅力を堪能できたとは言えないけれど、初めてのくじゅうとしてはそこそこ楽しめた。一人で山に入って行く時のいつものような緊張感はなくて、良い意味で気楽な森の散歩だった。みなが異口同音に素晴らしさを語るこの山域の魅力をもっと知りたいと思う。

日を改めてまた登ろう。

誰か止めて　由布岳

先日、久しぶりに高校時代からの友人であるS君の来訪があった。多趣味な楽しい人で、何よりも山登りに関しては私よりもかなりの先輩だ。別件での来訪だったが、当然のように大分県の山談議に花が咲いた。

彼は祖母山系やくじゅうの山などのめぼしいところは幾度となく登ったそうで、季節ごとのエピソードやコアなバリエーションルートでの体験談などを、とても楽しく話してくれた。その中でも、最近の数年は冬の由布岳がお気に入りとのことだ。

真冬でも登山口までのアクセスが良いことに加え、歩行時間も往復だけなら4時間余りと、とても気軽に登れること、しかも山頂からの眺めや、お鉢回りのコースは本格的な冬山を彷彿とさせるところなどがお気に入りらしい。

正直にいうと彼の話しを聞くまで、由布岳は先日登った三俣山と同様に、私にとっては観光の山という感覚であまり登りたいと思える山では無かった。登山道もちゃんと整備されているだろうし、誰でも登れる野生味の少ない普通の山だと思っていたので興味自体が湧かなかった。しかし、彼の話しを聞いてからというもの、にわかに由布岳への興味が湧いてきて、登りたくなってしまったのだ。ベテランのS君が気に入った理由を、実際に体験してみたいと思ったのだ。

そんなわけで、今年の登り初めは、全国的にも有名な温泉地、湯布院の北東に鎮座する「冬の由布岳」に決定した。

さすがにこの時期のバイクはつらく、路面の凍結や軽い積雪の可能性もあるので、今回はジムニーでの移動だ。

朝早いこともあり、高速道路を使わなくともガラガラに空いた国道10号線をとばして別府に到着。途中のファミレスで朝食を済ませ、正面登山口についたのは7時前だ。

すでに駐車場には15台ほどの先客がいて、数人が身支度をしている。辺りが明るくなってくると何となく焦るのか、少し慌ただしい人もいた。

私も身支度を始めるが、空気が凍りついているように冷たくて、靴紐を締める手がすぐにかじかんでしまう。よほどダウンのアウターを着ようかと思ったが、歩きだしてすぐに暑くなるのも面倒なので、薄着のままで我慢する。

道路を渡って案内板の横で登山届けを済ませたら、さあ出発だ。

緩い傾斜の牧草地をゆっくりと歩いてゆく。思いもしなかったことに、歩き出した瞬間にこの山が好きになってしまった。それは、この寒い時期だけの特別な遊び「霜柱踏み」ができるからだ。小学生の時以来、何十年ぶりに霜柱を踏みしめただろう。しかもここのそれは高さが10㎝以上もありそうな特上の霜柱なのだ。ザクザク、ギュッギュッと、気持ち良い音と足の裏の感触を楽しみながら広い草原を進んでゆくのは、快感以外の何ものでもない。

快晴の空からの朝日に照らされた別名豊後富士は、金色に輝く裾野を纏って、切れるように清涼で、かつ豊満な姿を見せつけてくれる。黄金色に照らされた姿は、思わず立ち止まってしまうほどに美しい。これからあの山に登って行くのかと思うとなんだか嬉しくて、ついつい頬が緩んでしまう。こんな感覚は初めてだ。

家族の前でもあまりしないような、自分としては最上級の笑顔で歩くこと20分ほどで、案内板と立派なトイレが現れた。道はここから二手に別れ、由布岳山頂へと向かう正面ルートと、日向岳《ひゅうがだけ》経由で東登山口からのルートへと向かう道へと、それぞれ続いている。

ここは迷わずに正面ルートへと進む。中高木の林の中をしばらく行くと、今度は西登山口からの道と合わさる合野越《ごうやごし》と呼ばれる所を過ぎる。ここでは先行していた2組の登山者が腰を下ろし、ザックを置いて防寒着をしまっていた。やはり山道は少し歩くだけで体が温まるようで、アウターの他に中着まで脱いでいるようだ。私は薄着だったのが正解だったようで、軽い会釈をしてそのまま先へと進む。

少し長めのスパンでジグザグにつけられた道を黙々と歩く。しばらくはなにも無かったが、登山口から1時間ほどで、とても見晴らしが良いところにでた。

遠くは祖母~傾山の稜線や、所々に白い雪を残したくじゅうの山々が見渡せる。眼下には湯布院の街も見えて嬉しい。まだ7合目くらいでこの景色なら、頂上からの眺めはさぞかし良いだろう。

少し休憩してから再び歩きだすと、道はだんだん急になってきて、あちこちに積雪も現れてきた。急な坂をひと登りすると、東峰と西峰の鞍部のマタエと呼ばれる火口に到着。風が強く吹いていて、そのぽっかり開いた火口に吹き落とされてしまいそうだ。東峰と西峰のどちらに上がろうかと悩んだが、数メートルほど高いらしい西峰に向かうことにした。足下には結構な雪があり、用意しているアイゼンのことが頭をかすめたものの、柔らかい新雪なのでそのまま登ることにした。1カ所だけ踏み場を間違えて引き返したけれど、鎖場も何とかやり過ごして頂上に立つ。


由布岳、西峰頂上。さすがに独立峰だけあって見渡す限りの絶景で、1583mの山頂からは大分県中の山々が見渡せるようだ。眼下には湯布院の街が隅々まで見えて、逆に湯布院の人たちからの視線を感じるような気分だ。そして街に背を向けると、活火山だというこの山の噴火口跡が窺える。すり鉢状の底に黒々とした木々が生い茂り、なんとも禍々しい雰囲気を醸し出している。巨大な蟻地獄のようで、降りて行ったら飲み込まれてしまいそうだ。

山頂での眺めはどこを向いても申し分ないのだが、何となく落ち着いて楽しめない。実は「お鉢まわり」が気になって仕方がないのだ。先日のS君からは、岩が凍結しているときのお鉢まわりは危険だと聞いていたが、せっかくここまで来てこのまま帰るのも不甲斐ない感じだし、そうかと言って即断して歩きだすほどの意気地もない。

強風に吹かれながら思案していると、幸運にも一人の男性が東峰からお鉢まわりで登ってきた。使い込まれた装備類と自然な身のこなしがいい感じで、ベテランの雰囲気だ。彼によるとアイゼンは必須だが、特にてこずるような場所はなかったそうで、東峰からここまで50分ほどで来たとのことだ。

現在9時40分。10時半頃には東峰に着く計算になる。時間的にはたっぷり余裕があるので、勇気を出して行ってみることにした。助言に従ってアイゼンを着け、ゆっくりと北に向かって歩き出す。道はすぐに下りになるが、大した積雪もないし、ガチガチに凍っている訳でもないので思いのほか歩きやすい。ただ、これから歩く目の前に広がる火口の稜線は、とても険しいように見えるのだが大丈夫だろうか。

マタエの反対側の鞍部に着くと、火口跡がすぐ目の前に窺える。ビッシリと生えている低木はガイド本によるとノリウツギという木らしいが、どの木も枝には樹氷をたっぷり着けて重たそうだ。火口を横切ってマタエに直接行くのも面白そうだけど、とても降りてゆく勇気はない。

向きを東に変えると、いよいよ登りになってきた。急こう配な上に狭く、道とは言えないような道を、岩を乗り越え乗り越えしながらの苦行が続く。

そうこうしていると、目の前に少しの手がかりもなく表面が全てガチガチに凍っている自分の背丈ほどの岩が現れた。なんとか登ろうとするがうまくいかず、どうやっても越えられない。

凍ってさえいなければ何ということもなさそうだが、さてどうするか。

考えついたのは、アイゼンを外し、手に持ってピッケル替わりにするというものだった。幼稚な発想と絵面だが、とにかく越えたい一心でやってみると、なんとか岩に這い上ることができた。その後も岩の表面が凍っていて、一歩間違えば火口へと滑り落ちてしまいそうな所もあって、「凍結期は危険」というS君の言葉は本当だったと実感した。

剣の峰と呼ばれる岩場を、心臓をバクバクさせながらもなんとかやり過ごして、やっとのことで東峰に到着した。西峰で出会った男性は反対廻りだったので、特に難所はなかったのだろうが、とんでもなかったよ、ホント。

１５８０ｍの東峰山頂に立って、自分が歩いた跡を目でたどる。たかが由布岳と侮ることなかれ、真面目に怖かったなぁ。

休憩がてら山頂からの展望を堪能してから、ゆっくりマタエへと降りてゆく。西峰から東峰まではちょうど1時間だったので、マタエについたのは11時前だった。さすがに人も多くなってきて、熟年の女性ばかりの団体もいたりする。

ひとりの若い男性が声をかけてきて、お鉢まわりはどうだったかと尋ねるので、正直に危険で怖かったことを伝えると、しきりに納得していた。「行ってみたいけど誰かオレを止めて！」って気持ち、わかるよ。私も本当に怖かったんだ。

ここで、昼食をとるつもりだったが、風が強くてそれどころではなかったので、少し下ってから一休みした。あとはただ普通に歩いて、朝の登山口に着いたのは12時ちょうどだった。

たった5時間余りの山行にもかかわらず感情の起伏が激しかったからか、随分長く歩いたような感覚だ。身体はそれほど疲れなかったが、充実した時間だった。

S君が言っていた「冬の由布岳」はとても怖かったけれど、すごく魅力的だった。また季節をかえて登ってみたいとも思う。

帰り道、由布岳直下の温泉に浸かって先ほどまで自分がいた山頂を見上げる。あの危険で過酷なお鉢まわりと、この露天風呂の安楽さや心地よさのギャップが凄すぎて、笑ってしまうな。冬の由布岳の本当の魅力は、この温泉にあるのかもしれないと思った。

チャレンジ　プチ縦走

山歩きなどには全く興味のなかった私が初めて傾山に登ってから、この4月でちょうど2年が経つ。いつまでたっても素人ぶりは相変わらずだが、自分なりに少しずつ歩く距離や時間を伸ばしてきたつもりだ。

平地でなら50km、12時間くらいは歩ける自信もあるのだが、山歩きとなるとなかなか自信を持って「これくらいなら」と言える距離や時間が掴めていない。山歩きでは安全第一、無理をしないように心がけているので、必然的にいつも余力を残しての下山となるのだ。

私の選ぶ山行はガイド本を参考にするため、計画のときから平均的な所要時間はわかるし、コースもほぼ明確なところばかりとなり、ほとんどの場合は予定通りの山行となる。当然、行動食無しで別府まで歩いた時のように、へとへとになるようなことは一度もなかった。

そこで今回は少しだけ無理をしてみようと思う。「少しだけ」なところが意気地ない気もするが、そのコースとは次のようなものだ。

祖母山の尾平登山口から黒金尾根ルートで祖母山と障子岳の縦走路に上がり、祖母山には登らずにそのまま南へと進む。そして、以前登って大好きになった障子岳と古祖母山のピークを踏んで、尾平越のトンネルまで降りるというもの。あとは、県道をテクテク歩いてスタート地点である尾平登山口の駐車場まで下るだけだ。

予想では歩行距離が県道を含めて15〜20㎞あまりとなり、歩行時間は8時間、実際の所要時間は9時間くらいと見積もってみた。ほとんどが縦走路を歩くだけなので、尾根に上がってしまえば距離の割にさほど時間はかからないと考えたのだ。それでも、慣れた人には何でもないかも知れないが、今の私にとってはプチ縦走といってもいいくらいのコースだろう。

家を出たのは夜中の2時半頃だった。前回の由布岳に続きジムニーでの移動なので、バイクと比べるとなんとなく気楽だ。途中のファミレスでガッツリと朝食を済ませてから、いつもの県道7号を尾平へと向かう。この道とは縁が深く、初めてバイクで通った時にはその山間ぐあいと、道の真ん中にあるヘリポートに驚いたものだが、もう見慣れた光景だ。途中で数頭の鹿の群れと遭遇したが、ここでは通るたびに遭っているような気がする。

尾平登山口には5時過ぎに到着した。少し休んでから身支度を整え、6時ちょうどに歩き始める。この登山口付近から見る祖母山付近の尾根筋は本当にノコギリ尾根の名が相応しく、まさにギザギザのノコ歯のようだ。自分がどのあたりに登りつくのかはっきりしないのが残念だが、どこに登り付くにしても登り応えのある道のりが待ちかまえているに違いない。

奥岳川に添って少し歩くと、第一吊橋が見えてくる。今日は宮原コースへと誘うこの橋は渡らずに、下をくぐって先へと進む。渓流沿いの景色に見とれながら河原を歩いて行くと第二吊橋が現れるが、この橋がまたおごそかないい雰囲気を醸し出している。

深い森に踏み込む前の儀式のように、軽い緊張と神妙な心持ちでその橋を渡り終え、さらに結構な水量のある川の中の石を飛び越えたり、飛び移ったりしながら、いくつかの支谷をわたって、いよいよ黒金尾根の取り付き点につく。

さすがに険しいコースというだけあって登り始めからいきなりの急登で、岩や木の根につかまりながらゆっくり淡々と登ってゆく。

何を考えるでもなく目の前の岩をよじ登り、這いつくばるように歩くこの瞬間が私はとても好きだ。身体が暖まり、日頃使っていない筋肉の隅々まで血が通って、身体の中に眠っているささやかな野生が目覚める感覚。子供の頃には日常的に味わっていたはずの、自分の身体を使い切るような懐かしい感じ。齢を重ねるにつれて、無理はせず翌日に差し支えないようにと、いつもほどほどで止めているオトナな自分を忘れられるひとときなのだ。

取り付き点から30分程で、標高８００m地点の展望所についた。これから歩くノコギリ尾根が見えて少しビビるが、まさか見えている岩峰をすべて登り降りするはずもないし、なんとかなるだろう。

続く急斜面を再び歩き始めると、原生林がなかなかすごい。ツガかカヤかモミか未だにはっきりしないけれど、アカマツと共に混成された針葉樹の森が独特な雰囲気だ。けっこうな大木も多く、急斜面にしっかりと根を張って大きく枝を広げている。

ただ、それぞれの木々は逞しいのだが、ブナを中心とした落葉広葉樹の森と比べるとなにか違う感じがする。うまく言えないけれど、森に不安定さを感じるのだ。

下草など、森の低い位置を構成する中低木や若木の様子が違うのかもしれないと思い観察してみるものの、具体的に確信できるほどの理由はみつからない。

今のような新緑の季節では感じにくい気候的なものなのか、地理や地殻的な特徴に起因するものなのかわからないが、此処には植物が生存していく上で、他の山のものとは違う厳しさがあるように感じたのは本当だ。

自分の感じている違和感が何なのかわからないまま、ブツブツ言いながらも歩き続けること1時間半程で天狗の岩屋に到着した。すでに4月の中旬だというのに、驚くことに岩のあちこちに氷柱がぶら下がっている。朝晩はまだまだ相当に冷え込むのだろう。岩には誰かが（泊）と描いており、非常時には利用することもあるのかもしれない。確かにビバークはできそうだが、そんな目には遭いたくないし、ここに寝泊まるのはいろんな意味で勇気が必要だな。

スズタケに囲まれた尾根道の標高も１５００ｍを超えて、あとひと登りで縦走路のはずだ。はやる気持ちを抑えながら歩いていると、苔蒸した岩がゴロゴロと折り重なったような急斜面が現れた。ここは足を滑らせないように特に慎重に登っていく。

するとまだ早い時間にもかかわらず、途中で上から降りてくる若い男女とお会いした。お二人はご夫婦での登山で、昨夜は山小屋泊まりだったそうだ。この時期はまだ泊客は少なく、快適な山の夜を堪能したということだった。

岩ゴロの斜面を登りきると、ほどなく縦走路にたどり着く。天狗の分かれと呼ばれている所で、標高は１６００ｍに僅かに満たないらしいが傾山とほぼ同じ高さだ。登る前に見上げた尾根のどのあたりに自分がいるのかが、ここにきてもはっきりしないのが残念だ。

尾根に上がるとさすがに風が強く、じっとしていると身体がすぐに冷えてしまう。

近くの展望所からは泰然と佇む祖母山の姿が圧巻だ。ここまで来て祖母山頂を踏まないのもどうかと思うが、往復だけで2時間以上かかりそうなので、残念ながら今回の計画には入れていない。後ろ髪を引かれながらも道標の指す古祖母山方面に向かって歩きだす。天気自体は悪くないが思いのほか風が強く、おまけにガスもかかっていて展望は得られない。湿った空気と南西からの強い風は、この場所が日常的に過酷な気象条件に晒されていることを教えてくれているようだ。

烏帽子岩の横を早足で通り過ぎ、45分で障子岳に到着。大好きな障子岳だが、以前登った時と山頂付近の様子は一変していた。

主に鹿の食害から、この土地特有の貴重な植物を守るために山頂の周囲を金網で囲ってある。理由も当局のご苦労も十分理解できるが、なんとも淋しい風景になってしまっている。正直にいうと人工物がここにあるだけで、障子岳の魅力は半減だ。

鹿の食害については、山歩きをする人ならあちこちで目にしているだろう。五葉岳周辺なども酷いものだった。新芽や幼木の食害だけでなく、里山では数十年の月日をかけて育てた伐採間近な杉や檜の木の皮を剥いだり傷つけたりして、一晩でダメにしてしまう迷惑な存在であるのは確かだ。

ただ、普通に考えれば本来の森の住人は私たち人間ではなく彼ら鹿たちのはずなのに、山深いこんな場所でさえも鹿を自然の一部と見なして放って置くことができないというのも、不自然で不幸なことだろう。

古くはオオカミの絶滅による天敵の不在や、昨今の狩猟人口の減少などの問題があることは私だって知っている。ここに至った経緯はともかく、今現在誰が悪いわけでもないのだ。おそらく私たち人間の身勝手さに矛盾を感じながらも、現状をなんとかしようと努力されている方々に敬意を表して、ここは文句を言わずに静かに立ち去ることにした。

金網をくぐり抜け、気を取り直して古祖母山へと向かう。ここからは祖母〜傾山間の縦走路ではまだ歩いたことのない区間なので、とても楽しみにしていた。予定では障子岳から古祖母山までは1時間のつもりなので、遅くとも11時頃には山頂についているだろう。

ここまでは順調で体調も完璧だ。水分と行動食をこまめに摂っているのがいいのかほとんど疲れを感じない。けれど、調子に乗っているときに限ってロクなことはないので、こういう時こそ慎重さが大切だと学んだはずだ。たかが捻挫程度の怪我でも、後々ひどい目にあうのが一人での山歩きなのだろう。

歩き始めてすぐに、それまで立ち込めていたガスというか雲に時折切れ間が出てきた。今まで展望がほとんどなかったのだが、雲の間に高千穂の山々が垣間見えるようになってきた。さっきまで歩いていた天狗岩からの道程も見えて、とても嬉しい。ただ、風は相変わらず強く、腰を入れて歩かないと風に吹き転ばされそうになる。

たいしたアップダウンもない快適な道をしばらく行くと、突然風変わりな景色に出くわした。

台風か吹雪かはわからないけれど、とにかく尋常ではない強風に、かなりの数の樹木がなぎ倒されたように横たわり、広がるという景色。倒れた木々の太さから考えると、少なくとも十数年は経っているような印象だ。ただ、そこに横たわる木々は倒れてはいるものの、枯れ死んでいるわけではない。ほとんどの木が、地べたに這いつくばった形から、首をもたげて梢を天に向けている。すでに木の最先端部は3ｍを超えて立ち上がっているものも多く、木々にとっての一番辛い時期はとうに過ぎているようだ。自然界ではよくあることなのだろうが、樹木にとっては災難だったろうに健気に生を全うしようとする姿は、単に植物のしぶとさということだけではない気がして、立ち止まったまましばらく眺めていた。少し大袈裟だけど、この地に生を受けたものの条理を垣間見たような気がしたのだ。

その木々を横目に見ながら先へと進もう。道すがら、立ち枯れて苔むした木があり、その姿が楽団の指揮者のような格好で立っているのが滑稽でおかしい。そんな姿やまわりの風景を写真に撮りながら歩くこと20分。久しぶりに古祖母山の高千穂側の山頂を踏んだ。

2年前に初めて訪れた時と同じように、神々が棲むという高千穂の山々は静かに佇んでいる。少しずつガスも晴れてきて結構遠くまで見えるのが嬉しい。まわり込んで大分側に移ると、朝から歩いてきた尾根や大障子岩方面が見渡せてこれまた嬉しい。

それにしても、大分側と宮崎側の山容は大きく異なっていて、大分側の急峻に切り立った尾根やそれに伴う多くの谷筋が形作る険しい起伏の山々と、宮崎側に広がる森の深さを感じさせる豊かな山々の連なりの両方を目の当たりにできるこの古祖母山は、とても素晴らしいと思う。

名残惜しいが山頂に別れを告げて歩き出すと、すぐに大きな岩の間に設置されたハシゴ場についた。前回登った時には、先人というか、山歩きの先輩方の情熱と親切に感心しながら登らせてもらった所だ。感謝の気持ちをこめて、ここは一礼してから慎重に降りてゆく。

あとは尾平越まで、起伏のほとんどない下り坂を歩くだけなのだが、この尾根道は快適な森歩きが楽しめていい。

目を見張るような大木はないけれど、いろんな種類の木があって興味深い。ブナ、コナラ、ミズナラ、カエデの類、褐色の木肌が美しいヒメシャラ、アセビやアケボノツツジ、ミツバツツジ、はっきりとはわからないけれど、シロモジやダンコウバイのような樹もある。たしか、初めて歩いた時の印象は「ダラダラと続く坂道」程度だったような気もするが、快適だと感じるようになったのは、心身ともにいくらかの余裕をもてるようになったのだろう。

古祖母山の山頂から1時間ほどで尾平越に到着した。実は今回の山行での最後の楽しみにと考えていたことがあり、今日は道なりに歩いて宮崎側の登山口へと降りるつもりだ。

以前からこの尾平峠を訪れるたびに、大分と宮崎の県境をはさんで伸びる尾平トンネルを歩いてみたいと思っていた。隧道《ずいどう》と言ったほうがしっくりくるこのトンネルも、鉱山で賑わっていた時期には大切な輸送路だったのだろうが、今はクルマの通りもほとんどなくてひっそりとしている。徒歩ではなくバイクやクルマで通ってもなんとなく無気味な雰囲気で、長さは６００ｍ近くもあるらしい。現在の一般的なトンネルと比べると幅も高さも少し小さめで、照明もなくじめじめしている。そんな禍々しい印象の暗闇に嬉々として入って行くこの気持ちは、完全にお子様だよな。

暗いがヘッドライトを点けるほどでもない道の真ん中を、好き勝手に歩いてゆく。しばらくすると宮崎方面から来た車が減速しながら追い越して行ったが、トンネルを出た所で止まったようだ。真っ暗なトンネルに何を期待していた訳ではないが、なんということもなく出口に到着。

驚いたことに、出口に止まっている先ほどの車の運転手が降りてきて、乗っていけと誘ってくれた。トンネルの大分側に駐車している車がなかったことと、暗闇のトンネルをひとりでテクテク歩くオヂさんを訝しく思ったようだ。

尾平登山口に車を置いていること、そこまでの約7㎞も山行の計画に入っていること、そしてまだまだ体力も十分に残っていることを説明して、丁寧に辞退させて頂いた。

見るからに山歩き中の汗臭そうなオヂさんに、わざわざ声をかけてくれるなんて親切な人もいるものだ。

せっかくの親切を断って、県道とは名ばかりのような山道を進む。道の両脇は苔が覆い、その上には枯れ葉が積もっていて、まるで山奥の林道そのものだ。ずっと下り坂なのでほぼ駆け足のようになるが、あまり道の端を歩くとかえって危険な感じだった。

途中には祖母山や大障子岩方面の尾根が見えたりするところもあって、1日の山旅の締めくくりとして心地良いのだが、その一方で、道の山側にはたくさんの石垣があり、かつては畑だったことを偲ばせる。廃屋や今は宿泊施設として使われているらしい廃校などもあり、時代の移り変わりに左右される人の営みが、はかないものであることを思いださせてくれるようだった。

尾平トンネルからちょうど1時間で登山口の駐車場に到着した。到着時間は午後2時を

5分ほど過ぎている。

なにはともあれ、時間にして8時間あまりのプチチャレンジは無事に終わり、感覚的にはまだまだ行けそうな感じもしてちょっと嬉しい。体力の配分や体調の維持に関しても、自分なりのコツを掴めたような気がするのも収穫だった。

十分な準備と事前のトレーニングさえしておけば、まだまだ捨てたものではないと、どや顔の歩くオヂさんなのだった。

憧れの　大崩山

宮崎県の北部にあり、ずば抜けた景勝でその名を馳せる大崩山。本当はずいぶん前から気にはなっていたのだが、ガイド本の写真やコメントを見るにつけ、いかにも険しそうで危険なイメージだったので、まだまだ自分には早いだろうと、見て見ぬ振りをしていた山なのだ。

つい先日までは大崩山と聞いただけで腰が引けていたのに、前回の祖母山周辺プチ縦走が上出来だったものだから、にわかに登ってみたいという思いが募ってきた。

一度考え出すと止まらないのはいつものことで、さっそく今回のゴールデンウィークに登ってみることに決定。とは言え、いきなりの本番チャレンジというのも無茶な気がして、先週の日曜日にバイクで下見に行ってきた。

初めて訪れる大崩山の山麓には、すり鉢の底のような地形の土地に、ひなびた集落が隠れ里のように広がっていた。廃校となった小学校の佇まいが少し寂しく、決して広くはない田畑も耕作していないと思われるところがチラホラとあり、ご多分にもれず、ここでも高齢化と人口減少という深刻な問題があることを窺わせる。

ただ、この山里に溢れる5月の明るい光と爽やかな風は、人の暮らしの衰退を忘れさせてくれるほど心地良く、春を迎えた植物たちの気配が直接五感をくすぐって、高揚する気持ちを抑えられない。風は土の匂いを孕《はら》んで膨らみ、山々は新緑と光にあふれていてとても眩しい。道端にある柿の木の新葉などのみずみずしい緑色も、陽光に透かしてみるとうっとりするほど綺麗だ。

そんな春全開の中、バイクで登山口まで行ってみようと林道のような道を進むにつれて、予想外に多いクルマの数に圧倒される。登山口前の道にはずっと奥の方からずらりと駐車しており、数えてみるとなんと150台以上ある。連休始めで登山者は多いだろうと予想はしていたが、これほどとは思ってもみなかった。この山奥にしてこの集客力。

しかも車のナンバーがすごい。九州全県はもとより、神奈川や大阪、京都、岡山、広島、山口、その他にも高知や香川もある。全国津々浦々とまではいかないが、これほどの人気とは思ってもみなかったので正直驚いたし、自分も早く登ってみたいという思いで心がざわついた。

登山当日は夜中に自宅を出て、登山口付近で朝食を済ませてから早朝5時前には登り始めた。下見のおかげで様子がある程度わかっているので、まだ明るくならないうちにヘッドライトの明かりで登り始めたのだが、先週の下見からどれほどこの日が待ち遠しかったことか。

登山道と平行して流れる川、祝う子と書いてほうりと読むこの川は、まるで軽い地響きを伴っているかのような激流の音を絶え間なく響かせていて、その音だけでも日常とは全く違う世界にいるような感覚になれる。

川に沿うように歩くこと30分で大崩山荘が見えてきた。用事はないがせっかくなので立ち寄って中を覗いて見るとなかなか立派だ。小屋内の入口付近には火を焚ける場所や広めの土間もあって、ロフトも利用すれば30人くらいは泊まれそうだ。

入口外側には簡単な地図があり、祖母・傾国定公園に属するこの付近が描かれている。興味深いのは、エリアを指定して「積極的に利用する地域」「立入を制限して原始のまま保存する地域」「二つの間の緩衝的な地域」などに色分けをして表示していることだ。普段自分が登っている山を「国定公園」として意識する事はほとんどないが、確かに立ち入る人たちがみな自由勝手に活動していたら、後世に守り伝えたい原始の森や動植物の分布なども影響を受けないとは言い切れないだろう。今更ながら、たくさんの人たちの努力と善意によって私たちが快適な山歩きが出来るのだと、改めて感謝の気持ちが湧いてくる。

今回のルートはワク塚と呼ばれる岩峰を経由して大崩山頂に至り、小積ダキという巨岩の上や坊主尾根を歩いて降りてくるというもので、ワク塚～坊主尾根ルートと言うらしい。ガイド本によると、このルートで登った場合には帰りにこの山小屋の前の河原を渡るそうなので、一応確認のために河原に降りてみる。

見慣れない色や形の大きな岩があちこちにあって、その間を素晴らしく綺麗で豊かな量の清流が流れている。特に増水しているわけでもなさそうなので、渡るのに支障はなさそうだ。それよりも、流れのトロ場に魚影らしきものが見えるのが気になる。たぶんヤマメか何かだろうが、この地域一帯の自然の豊さや深さを象徴しているように思えて、なぜか鳥肌が立つほどの興奮をおぼえた。

河原から小屋の前に戻り、ガイド本通り三里河原に向けて歩きだす。ずっと川の流れの音を聞きながら歩くこと20分ほどで、再度河原に降り立った。ここで橋を使い対岸に渡るつもりなのだが、肝心の橋が見当たらない。もしやと思い、近くの大岩によじ登って見渡すと、案の定グニャグニャに曲がって流された橋の残骸が見えた。対岸を見ると橋が渡されていたような跡が残っていて、水量はあるものの何とか渡れそうだ。

岩から岩に飛び移るようにして対岸にわたると、前日からここでテント泊をしていたというご年配のカップルと出会った。お二人は福岡在住ながらここにはもう何度となく来ており、今回は大崩山を経由して鹿納山や五葉岳を巡りながら縦走する2泊3日の山旅だそうだ。

まだ荷物の整理をしている彼らより少し先行して、平坦な林の中をゆっくり歩き出す。支谷沿いに進むとすぐに涸れ谷のような斜面が現れ、その急な道を這うように登って行く。足もとが土というよりも荒い砂利道のようでとても歩きにくかった。

しばらくすると、少し盛りを過ぎてはいるものの、楽しみにしていた大好きなアケボノツツジが淡いピンクの花で出迎えてくれた。もう一週間早かったら満開だったのだろう。やはり先週の下見の時が最高のタイミングだったのだ。そう考えると150台を越すほどの登山者にも納得できるな。

登山口から2時間20分、今回の山行での最初のハイライトである袖ダキ展望所に到着した。

とにかく「凄い！」の一言だ。まさに山水画のような風景が、圧倒的な迫力で目の前に広がっている。上手く言えないが、傾山や祖母山周辺の眺めとは感動の質が少し異なるように感じた。白い巨大な花崗岩が、気が遠くなるほどの年月の中で静かに延々と浸食され続け、無数の凹凸を形作った姿がとても美しい。目の前に広がる岩峰は、時間がもたらす堆積ではなく削剥《さくはく》であり、有機物が積もり貯まることで様々な生命を育む森のイメージとは対照的だと感じた。

この眺めの中をこれから登っていき、あの対岸の小積ダキや目の前のワク塚の頂に立つのかと思うと嬉しいやら怖いやら……。

特に小積ダキから祝子川の方へと降りている岩の連なりなど、とても歩いて降りられるようには見えないのだが、本当に大丈夫なのだろうかと心配になってくる。

ひとり景色に見入っていると、先ほどお会いしたベテランのお二人が登って来られた。写真を撮ってくれると言うので、普段はあまりしないのだが、お言葉に甘えて記念撮影。写真を撮りながら、なかなか興味深い話をしてくれた。

昨年のちょうど今ごろ、ゴールデンウィークの北アルプスで6名が亡くなるという山岳事故があった。彼らはほとんどが北九州市の医師や獣医師で、年配ながら皆が登山に関しては熟練者だったようだ。体調管理などにはそれこそプロフェッショナルなはずの彼らが、低体温症が直接の原因で亡くなったということもあり話題になった。その後山岳雑誌などでも取り上げられて、事故原因についても様々なことが言われたようだ。

その北アルプスでの遭難者たちは、福岡からのお二人の山仲間だったそうなのだ。詳しい事情までは聞けないが、やはり相当なショックだっただろう。そして女性の方は同じく昨年、同じ山域で遭難して救助されたそうだ。お二人とも今季中に北アルプスを訪れる予定だそうで、今回の山行はトレーニングの意味合いが強いらしい。もちろん私は日本アルプスの山々など知らないし、３０００ｍ級の登山がどんなものか知る由もないが、ここらあたりの山とは標高差だけではない違いがあるのだろうくらいは想像できる。

しかし、お二人とも口をそろえて言うには、気象条件の厳しさはともかく、山歩きそのものはこの大崩山で十分に堪能できるそうだ。スケールの違いはあるものの、景観も優劣つけがたいとのことだ。

もともと登山というよりも山歩きと言った方がしっくりする私の山行では、ここの景色で十分に満足だと思っているが、彼らのような熟達した人でも同じように感じていると知ってとても嬉しくなった。

会話が楽しくてついつい休憩が長くなってしまったが、身体が冷えないうちに出発だ。とりあえず坊主岩や下ワク塚など、なかなかお目にかかれないような景色をカメラに収めてから歩き出す。

道はすぐに急登となり、いくつものハシゴを登って下ワク塚、中ワク塚の上に立った。少し標高が上がると見える景色もさらに雄大になってくる。石の上によじ登って歩き回ったりのぞき込んだりして、我ながら子供のような行動だ。ここに至る途中にもたくさんのアケボノツツジや、数は少ないものの、割と珍しいヒカゲツツジが黄色い花を咲かせていて嬉しかった。

中ワクを過ぎて、いったん下ってから登り返すと、いよいよ第2のハイライト、上ワク塚の基部に到着した。すでに何人かの人がザックは下に置いたまま、ザイルを出して岩の上に取り付いている。

南側には岩峰に登れる道があり、固定されたロープを伝ってよじ登り頂上に立った。天気に恵まれたこともあって期待通りの眺望だ。木山内岳方面の森の広がりも素晴らしく、先ほどまでいた中ワクの3つの岩も良く見えて、自分の歩いた所も確認できる。振り返ると木々に囲まれた変な形の大岩がとても面白い表情を見せている。七日廻《なのかまわ》り岩というらしく、聞けばちゃんとアプローチルートもあるとのことだ。

心地よい春の風に吹かれ、野生の花を愛で、悠久の佳景に身を置く。大した時間もかけず、それほどリスクも抱えずに、なんと贅沢なことか。

もう十分に大崩山を堪能したような気分なのだが、まだまだ山頂までは1時間ほどかかりそうだ。後ろ髪を引かれながらも登山道へと降りる。

基部で休憩されていた方によると、この大崩山では山頂を目指す人はあまり多くないそうだ。展望が得られないのが理由らしい。そうは言ってもここまで来て山頂を踏まずに帰るのもどうかと思い、当初の予定通り山頂へと向かう。

それまでの険しい道のりとは違って、緩やかで歩きやすい道が続く。小積ダキから登ってきた人たちとすれ違いながら黙々と歩くこと50分、10時ちょうどに標高１６４３ｍの大崩山山頂に到着した。

確かに展望は無い。しかし、憧れとまでは言わないが、仮にも九州で山歩きを趣味にしている者としては避けては通れないような山のひとつなので、やはり感慨深い。

周りには宇土内谷《うどうちだに》コースから来られたご年配の女性ばかりの団体さんがまるで若い娘のように賑やかに話している。中にはこの山に惚れて、他県から移り住んできたという強者のおばちゃんもいた。みなさんが彼女のことを「ヌシ」と呼んでいたのが可笑しかった。

山頂手前の少し見晴らしの利く場所も30人ほどの登山者でいっぱいだ。季節もいいし、天気も上々なので当然かなとも思うが、くじゅう連山とかならともかく、アクセスも良いとはいえない険しい山に、これだけの人達が集まるというのがすごい。思い付きで来られるような場所でもないのに。

時間的に少し早いので、帰りにリンドウの丘という展望所に寄ろうと思い立って歩き出す。

坊主尾根の分岐を右に進むとすぐに左手に分かれ道があり、傾斜を横切るように歩いて水場を過ぎると、巨大なテーブルのような見晴らし台に出た。正面にはワク塚の全景が広がっている。

今回のルートは、言わばお茶碗の縁を歩いているようなもので、これから歩く所とたった今歩いてきた所を常に見ながら歩いているわけだ。対岸の岩峰を喘ぎながらよじ登り、景色に見とれて立ち止まっている人達に、数時間前の自分の姿を見ているようでとても面白い。

休憩がてらここで昼食を取った。2年前に偶然始めたような山歩きだけれど、もしあの時歩き出していなければ、こんな絶景の中でのランチは有り得ないよな。

本当はここで昼寝でもしていたいくらいだがそうもいかない。まだまだお楽しみは続くのだ。次のハイライトの小積ダキを目指して先ほどの道を引き返す。尾根道に出ると思いのほかたくさんの登山者とすれ違う。単独や二人組みが多いが、中には10人を越すような団体さんもあった。

既に頂上が間近な位置まで来ているので、みんな疲労もたまっていそうなものだが、面白いことに老若男女みんなが笑顔だ。しかも好奇心と嬉しさが混ざった少年のような目をしている。息も絶え絶えで登ってきたおじさんもこちらが挨拶をすると顔を上げ、とびきりの笑顔と元気な小学生のような声で答えてくれた。多分私も同じ顔をしているのだろう、自然に笑顔になっている。これも山の持つ不思議な作用のひとつだな。

そうこうしているうちに坊主尾根への分岐に付いた。当然、小積ダキの先端に立つつもりで歩いてきたのだが、ここへ来て急に気が変わった。すでに絶景を十分すぎるほど堪能したからだろうか、坊主尾根の全容を見ないまま歩いてみたいという変な願望が湧いてきたのだ。今朝、袖ダキから見た坊主岩の様子から、本当にそこを歩いて降りられるのかと感じたどきどきするような軽い興奮。さらに、探検気分を味わいたいという子どもっぽい感覚と、早く有名なゾウ岩を渡ってみたい思いに負けて、ワク塚に再会の約束をして坊主尾根へと下ることに決めた。

下り始めるとすぐにロープのお世話になり、なにがなんだかわからないうちにゾウ岩に到着した。数十メートルの高さの大きな岩をトラバースするのだが、ちゃんとしたワイヤーが張られているものの、手前の看板には「無事に渡り帰れるかどうかはアナタの心がけ次第ですよ」というような意味の事が書いてあって、ここで今更言われても！　とツッ

憧れの　大崩山

コミたくなる。カラビナで確保してから渡るのが安全なのはわかるけど、持っていないのだから仕方がない。確かに滑落すればタダでは済みそうにない高さだけれど、しっかりワイヤーを握って渡ればまず大丈夫だろう。

恐る恐る、でもたぶんニヤニヤしながら、くだんの大岩を渡り終えるとあとは下る一方だ。

ここからはハシゴの連続でその多さに閉口した。垂直に立てられたハシゴが、岩のてっぺんが丸くカーブした大岩の先端に立てかけられていて、おずおずと岩の上を這ってハシゴに取り付く。高さも10m以上はあるだろう。グラグラガタガタ……、なかなかのものだよ。ハシゴという、何の保証もない善意に命を預けてドキドキしながら降りてゆくしかない。途中ですれ違った登り途中の外国人は、笑いながら「Great!」と叫んでいた。

近くで見たかった坊主岩にもなんとか無事に降り付いて、間近でその特異な姿を観察できた。巨大な米粒を立てたような形の垂直な一枚岩には、クライミングの心得がある人ならちょっと登ってみたくなるのだろうな。

そして、その坊主岩の基部を巻いていよいよ祝子川に向かって降りてゆく。林道経由の道もあるらしいが、ここは川を渡ったほうが大崩登山の締めくくりには相応しいような気がして、そのまま川を目指して歩き続ける。

しばらく歩くと激しい水流の音が聞こえて川岸に出た。対岸に目印が見えるのがとても嬉しく、それを目指して石の上を跳び渡る。幸い足を濡らすことなく渡りきり、大崩山荘に到着。あとはゆったりと登山口まで歩いて、午後1時過ぎに無事下山した。

存在感バツグンの大崩山は思った以上に素晴らしく、祖母、傾山やくじゅう山系などとは趣の違う感動を味わえた。それに祝子川の醸し出す非日常感というか、原始の森を想像させる雰囲気がとても私好みで、今度はゆっくりと小屋泊でもしながらこの付近を散策したいものだ。

帰りはもちろん麓にある美人の湯に浸かって、心地よく疲れた身体もリフレッシュしてから帰路へとついた。

文句なしの、極上の山旅だった。

大晦日のbreak

今年は私にとって楽しいチャレンジが多かった。春の祖母山周辺のプチ縦走に始まり、GWの大崩登山。特に大崩山は印象深くて、また何度か訪れるつもりだ。祝子川がなんとも魅力的で心惹かれ、いっそのこと渓流釣りにも挑戦してみようかと思っている。

またそれとは別に、特に紀行文は書かなかったが、自宅から湯布院までの約70㎞を歩いてみた。夜中に出発して、真夏の炎天下を含む13時間ほどを歩き通した。娘のサポートがあったりして結構楽しかったが、やはり歩くなら山の方が喜びも多い。途中、あまりにも発汗量が多くなって体調が心配になり、何か変化がわかるかと恐る恐る自分の小便を舐めてみたり、南由布の駅で「ここも一応由布院駅だし、ここでもう……」とくじけそうになったり、なかなか濃い体験だった。

ただ、街を歩くのは二度目だし、別府まで歩いた時のような新鮮さはなかったかな。

チャレンジというと怒られそうだが、初冬に初めて妻と二人で山に登った。実は10月にもひとりで下見がてら久住山と隣の星生山に登っている。そのときは牧の戸峠からの一番オーソドックスなコースだったが、今回は赤川コースで久住山に登り、下山後は登山口にある赤川温泉で身体を癒やして帰るというものだった。「山登りはぜったいイヤ!」と言っていた妻をあの手この手でなんとか引っ張り出したのだから、なかなかのチャレンジだったよ。初めて登った傾山でお会いしたご夫婦が羨ましくて、「いつかは私も……」と思っていたので、何とか第一関門は突破したかな。

来年はどこに行こうか、登ろうか。登山を始めたばかりの闇雲なエネルギーは影を潜めつつあるが、まだまだ行きたい所もたくさんある。時期とタイミングと体調を整えて安全で楽しい山旅にしたいものだ。

そして、今まで以上に濃くて深い山歩きにするために、もっと自然についての知識や理解、観察力を養いたい。同じ道を歩いても新たな発見ができるように感性も磨けたらもっといいと思う。

自然観察指導員という資格がある。日本自然保護協会というところが主宰していて、子供たちに自然の不思議や楽しさを伝えることもできるようになるらしい。

指導員という言葉の響きが、なにやら余計なお世話っぽい気もするが、とりあえずこの資格を取ってみようと思っている。他人様に指導する気はサラサラないが、まず自分自身が自然に対する造詣を深めて、その魅力を誰かに伝えることができるとしたらとても幸せだろう。

来年も楽しく嬉しい年になりますように。

もう一度　由布岳

長く続いた景気低迷からの脱出を図る〈アベノミクス〉の効果か、今年は年始めからとても仕事が忙しくて、なかなか山歩きのチャンスがなかった。気がつけば既に6月を過ぎてしまっている。

家業の稲作の大イベントのひとつ、田植えも無事に済み、待ちに待った梅雨の中休みの好機が到来した。

初めは祖母山のとなりの大障子岩に登ろうと考えたのだが、最近はトレーニングもサボり気味だし、天気も不安定そうなので予定を変更。歩行時間の少ない由布岳に登ることにした。

朝は3時半頃に出発。バイクで別府方面へ向かい、途中のファミレスで早めの朝食を取る。よく山登りの前は軽い食事がいいと聞くが、以前朝食を雑炊のようなもので済まして登ったら3時間もしないうちにシャリバテのようになったことがある。以来、朝からご飯は大盛、おかずはチーズハンバーグというような部活帰りの高校生みたいなメニューとなってしまった。

予定通り、由布岳正面登山口には5時過ぎに到着。すぐに身支度を整えて、5時半には登山開始だ。

カッコウの鳴く早朝の草原を歩き始めてすぐに、東登山口との分岐点にさしかかる。それまで漠然と正面ルートで登るつもりだったのだが、しばし逡巡の後、以前と違う東登山口ルートで登ることに決定。お鉢周りも以前とは逆だな。

祖母傾山系のような大木はないが、静閑な早朝の森はすがすがしく、とても気持ちいい。鮮やかな緑色の苔に覆われた岩がそこかしこに転がっている様子は独特な雰囲気だ。ところどころにイワタバコやモミジガサの仲間が生ており、雨の多いときには水流れもできるのだろうと想像する。ちなみにトリカブトの小群落があちこちにあり、花の時期も意外といいかもしれない。

突然、前方で大きな物音がした。ハッとして見ると、大きな鹿がこちらをじっと見ている。立派な角を持つ牡鹿だ。そういえば、鹿は歳をとるほど毎年生え替わる角も立派になると聞いたことがあり、なかなかの強者とみた。後ろで数頭の鹿が逃げているのがわかった。特に敵意はなさそうだが、薄暗い森で大型の野生の生き物とひとり対峙すると、山では弱小哺乳類を自認する私の全身が、一瞬粟立つ。

あらためて森の住人にあいさつをして早朝の非礼を詫び、刺激しないようにゆっくりと歩き始める。

いくつか谷を越えて進むと、45分ほどで東峰行きの分岐点についた。案内板によると頂上まで2時間弱らしいが、手書きで健脚者は1時間と書いてある。あまりの差に戸惑うが、そこは歩いてみればわかることだな。

木立の中、山鳩の声とオカリナのような鹿の鳴き声を聞きながら、徐々に傾斜がきつくなる道をゆっくりと進んで行く。標高が上がるにつれ、中高木が減ってきて日が射す割合が増えてくると心なしか私自身の笑みも増えるようだ。

途中で大学生くらいの若い男女の3人グループに会った。まだ7時前だというのにもう下山だそうだ。朝日を見るために3時から登り始めたとのことだが、なんともすごいな。ヘッドライトでの岩場歩きは怖いだろうに。

ところどころにあるロープや太い鎖の助けを借りながら歩いているうちに、東峰頂上とお鉢周りの分岐点に到着。時間はあまりかからなかったけれど、私にとっては登山の醍醐味もちゃんと感じられるコースだった。振り向けば、別府鶴見岳方面の眺めが素晴らしい。

朝靄にかすむ湯煙の里。朝日に誘われた風が千切れ雲を伴って、まるで新緑の由布岳の周りを周遊するかのように流れる。なかなか優美な眺めだ。

今回は東峰には登らずに、そのままお鉢周りのコースを辿ることに決め、西峰を目指して歩き始める。まだまだミヤマキリシマの花も十分残っていて、風の強い山頂付近でも健気に花をつけている。

このコースは火口の縁を廻るだけなのだが、遠くから見る優しい山容に似ず意外と手ごわい。剣の峰と呼ばれる小ピークからナイフエッジを降りていくと、ところどころ「どうやっておりるん?」というようなところがある。岩の基部を巻けずに、「結局これ登るんかい?」とツッコミたくなるような所もあり、なかなか楽しい。鎖やロープもなく、お好きにどうぞという感じが嬉しい。

前回は残雪のなか、凍りついた岩の上で心臓をバクバクさせながら越えたのだが、それに比べれば今回は楽勝だな。細い踏み跡を辿る間中、両脇に群生するミヤマキリシマがガードレールのような役目をしてくれたので、あまり不安も感じない。鞍部を過ぎて登りになっても、賑やかな花たちにかこまれて歩く。ただし、花はすでに若干ご年配気味だったが……。

一登りで、標高1583・5mの西峰に到着。残念ながら薄曇りのせいで、遠くの見通しははっきりしないが、それでも大船山と祖母山の山頂は見えてなかなかの眺望だ。西の眼下には湯布院の街並みが広がり、早くも下山後の温泉に思いを馳せる。この山最大の魅力のひとつは、下山後の温泉を贅沢に選べることだろうな。湯布院の柔らかく控えめな泉質もよし、別府の明礬《みょうばん》温泉のように、硫黄のニオイが全開の白濁した「これでもか！」系の温泉もまたよし。さらに湯布院の露天風呂からは、今私が立っている頂上が見えるところもいくつかあり、湯に浸かりながら数時間前とのギャップを楽しむのもオツなものだ。

温泉に心を奪われて、少し早いが下山開始だ。障子戸と呼ばれる岩場を慎重に降りていく。ここの鎖場は危険なので素直に使わせてもらった方が賢明だ。

マタエと呼ばれる東西両峰間の鞍部に降り立つと、上半身裸で登ってくる男性に会った。しかも飲料水すら持っていない様子だ。話し掛けてみると、鹿児島から来たとのこと。温泉と大分の山々を目当てに来県したそうだが、なぜ裸で？

まずまずの晴天なのでまだ良いが、何も持たずに、山頂までの往復だけでも4時間あまりの道のりを歩くということは、決して褒められたものではないと思う。突然の雷雨だって無いとは限らないし、ましてやこの時期熱中症の恐れもあるだろうに。人柄の良さそうなおじさんだったが、どうかご安全に。

マタエからの下りは快調だ。道はハッキリとしているし、よく手入れされている印象で、ゴロゴロした石も有るものの、まるで海砂を敷いたような感じだ。どんどんとスピードが乗ってくる。

実は以前から人目の無いところでは時折やっていたのだか、私には他人に言えない内緒の歩き方がある。心の中では密かに「キャタピラ歩き」と呼んでいるのだが、あまりに幼稚で恥ずかしく、人に見せたことも話したこともないのだが……。

尾根道などの緩い下り坂でするその歩き方とは、次のような感じだ。

1　軽く膝を曲げて腰を落とす。

2　つま先は上げたままで、かかとから柔道の摺り足のように足を出す。

3　少しガニ股の大股で地面をナメるように歩く。

実際にやるとドリフのヒゲダンスの、手の動きがない感じかな。

見た目は変だが意外とメリットがある。腰を落として摺り足で歩くのでコケない。つまずいてもバランスを崩しにくいし、膝がちゃんとサスペンションの役目をしていて全体的に衝撃も少ない。また、大股で歩くと片足の接地時間が長いからか、目に余裕があって接地場所を選べる感じなのだ。しかも、かなり速い。ただ難点は、翌日に必ず太腿が筋肉痛になることと、つい手の動きも加わって、本当のヒゲダンスをしてしまうことだな。

さて、その変な歩き方のおかげで合野越まで通常50分ほどかかるところを、30分足らずで到着。途中で一人歩きの若い女性を追い抜いたが、後ろから異様な速さでヒゲダンスのオヂさんが迫ってきたのだから、それはそれは不気味だっただろうな。かわいそうに。

西登山口コースとの合流点である合野越では、3組の登山者が休憩していた。西登山口の表示はあるが歩いたことがないので、どんな感じなのか二人連れの男性に聞いてみた。ホグ○フスのオレンジ色のパンツが鮮やかな、物腰の柔らかいこの男性によると「この先は飯盛《いもり》ヶ城《じょう》という小山を通って、正面登山口にも降りられる」とのこと。まだ時間は早いし、何より歩き足りない感じだったので、飯盛ヶ城とやらに登ってみることにした。

彼ら二人も下山途中だったらしく、飯盛ヶ城にむけて歩きだしたので私も後に続く。歩き出してすぐに河原のような場所に出たのだが、目の前には茶碗にご飯を装ってひっくり返した形の、まさにメシ盛山？　が現れた。背の低い笹に覆われた黄緑色のこの山は、およそ山歩きが趣味の人なら誰でも、かけ登りたくなるような山だ。

ほんの一息で登れそうだが、頂上までの一本道をゆっくり登り始める。先行するお二人の邪魔をしないように少し離れて進むが、あっという間に到着だ。頂上では写真を撮ったりしながら、少し彼らと話した。お二人は北九州からで、山頂での御来光を目当てに登られたとのことだ。早朝はガスがかかっていたそうだが、日の出の頃にはそれも晴れて、なかなかのものだったらしい。また、祖母山や大崩山の話、祝子川のアカショウビン（カワセミの仲間）の話をした。少し年上に見える方の御仁は、北アルプスなどにも出かけるそうで山慣れしていそうだったが、まだ祖母山に登ったことがないらしいので、ついつい祖母山の魅力をしつこいくらいに力説してしまった。地元愛の表れと思って笑って許して下さいまし。

その後は草原の中を正面登山口まで降りるだけだ。10時過ぎにはバイクの待つ駐車場に到着した。あとにはお楽しみの温泉が待っている。今回も悩んだ末に、湯布院の優しい温泉に浸かって帰ることにした。

身近にこんなにも恵まれた山があることに幸せを感じながら、今回の山行は無事終了だ。楽しい5時間だった。

リベンジ　大障子岩

私にとって、魚の小骨のような山がある。2年ほど前に、その手前の障子岩山頂まで行ったにもかかわらず、弱腰な風に吹かれて山頂を踏まずじまいの、祖母山系大障子岩のことだ。山歩きでは予定の変更もままあることだが、目の前に目的の山頂が見えるところまで行って、そのまま帰ってしまったことが、今でも心のどこかに引っかかったままなのだ。

お盆を過ぎてからというもの、ずっと天気は芳しくなく全国的に天候不順が続いていたが、やっと晴れ間が安定するようになってきたので、心の小骨を取りにいざ出陣だ。

今回は以前の健男社から登るルートではなく、大障子岩直下のクーチ谷と呼ばれる谷を遡上して、緒方側からの最短距離で登るつもり。途中には滝もあり、少々荒れ気味のルートらしいが、それも楽しみだ。

朝は3時半に自宅を出て、途中のファミレスで朝食を済ます。6時前に尾平の大障子岩登山口に到着したが、今日は普通の乗用車で来たので林道には乗り入れず、県道に置かせてもらう。

身支度を済ませ、林道を歩き始める。駐車スペースには既に2台の車が止めてあったが、彼らと遇えるだろうか。

林道を歩き始めてすぐに登山届箱があった。その手前から西側にも林道が伸びているのだが、今日は大障子岩の山頂を踏んだ後は八丁越《はっちょうごし》から西の原を通り、祖母山登山ルートの宮原から下山するつもりなので、帰りはここを通ることになる。以前にバイクで下見をしていて、この林道が宮原ルートと繋がっているのは、すでに確認済みだ。

自宅には登山届を書き置いて来てはいるが、念のためにここでも届を書いてから先へと進む。

林道を進むとすぐに右手に大崩山の岩峰を思わせるような岩山が見え、先の道のりに期待が膨らむ。かなりガレ気味の林道を1㎞ほど歩くと終点となり、谷を渡っていよいよ本格的な登りだ。谷に沿って歩き出すと徐々に傾斜はきつくなってゆく。

歩き出してから45分。谷を左から右へと渡り返す。ついでに喉を潤し、火照った顔を洗う。まだまだ高度は850mほどで、八丁越までは400mくらいの高度差がある。この先には「愛しの滝」と呼ばれる滝があるらしく、谷を流れる水量もこのところの雨で増えているようなので楽しみだ。

ところで山歩きのベテランである知人の話しでは、この登山道はどちらかというと難路と言うことになっているらしいが、今のところ特にどうと言うこともない。踏み跡も割と分かりやすいし、倒木や藪も少ないので歩くのには差し支えない。ただ目印のカラーテープが古くて色あせているので、見つけにくい個所はあった。

ガレた道をしばらく登ると、小さな水の落ち場が表れた。滝と言うにはちょっとショボいので、スルーして進む。すぐに今度はあまり大きくはないが、そこだけを切り取れば山水画の一部のような風情の滝に出くわした。よく見ると手製の案内板には八丁越の滝と書いてある。おそらく愛しの滝と同じだろうが、滝の様子なども考えると昔からの地名を冠した「八丁越の滝」のほうが呼び名としては自然のような気がした。正直なところ、もう少しスケールが大きく、水量も豊富な滝を想像していたので少々期待はずれだった。

八丁越の滝から登山道は二手に別れていて、道標には滝の左手を巻き登る方に「ルート良」と書いてあったので、迷わずそちらに進む。確かによじ登るような所もなく、ガシガシと歩いてやがて八丁越に到着した。

登山口からここまでちょうど2時間、予定どおりだ。ここにも先ほどの滝の所にあったのと同じ体裁の案内板があり、大障子岩山頂までは45分と書いてある。それはいいが、反対方向には「宮原　3時間」とある。予定ではゆっくり歩いても宮原までは2時間のつもりだったので少し驚いた。祖母山までならそれくらいはかかるだろうが、宮原まではどういうことだろう。地図ではわからないような難路が待ち受けているのかもしれない。

実は、私は山歩きの前にはあまりインターネットなどでの情報集めをしない。ガイド本と地図だけで空想して楽しんだり、一人緊張したりするのが好きだ。文字の情報は空想や妄想を掻き立てることもあるので歓迎だが、ネット上に溢れる他の誰かが登った時の写真を見てしまうのがイヤなのだ。例えば、みんなが観て「良かった」という映画は私も観てみたい。ただ、どれだけ多くの人が観ていようと、自分にとっては初めての状態のまま観たいと思うのが人情だろう。主観的感想は歓迎だが、あらすじは知りたくないし、ましてや結末は言わずもがなだ。山歩きでの他の人の写真は、映画の結末を覗き見るようで何となく避けたいのだ。

と言う事で、ホントに宮原まで3時間もかかるのかは気になるが、後で歩いてみればわかる事なので、まずは目的地の大障子岩山頂に向かって歩き出す。

進むにつれて、灰色一色だった空から光が差し込むようになり、時折濃い青空が現れる。雲の流れが相当に早く、山頂は風が強そうだ。急な登りに岩盤の露出したところがあったり、その基部を巻いたりしながら歩を進めると、やがて大障子岩の岩壁が目の前に表れた。

東側の障子岩から見た感じとはずいぶん違い、まさに目の前を遮り、岩の壁が行く手を阻むように立ちはだかっていて、大障子岩の名前の由来はここにあるのだろうと納得した。直前のピークから見る岩の壁は結構な迫力があり、大きくデコボコした岩肌は縦横に亀裂が入り、まるで濡れているように褐色に輝いている。その岩壁の南側を巻いて東側に周りこむように登り詰めると、障子岩からの道と合わさる踊場のような所に出た。道標がなくても一目瞭然の山頂への道を踏みしめるように進むと、目の前が明るく開けて大障子岩山頂に到着だ。


標高１４５１ｍ大障子岩山頂。

山の神に山頂の守護を命じられたかのような佇まいのヒメコマツの古木。その横を通りぬけて南西側の断崖に立つ。立ち込める雲に遮られて展望は今一つだが、その雲の様子が素晴らしい。

緒方側、古祖母山から障子岳にかけての谷という谷から、もうもうと湧き上がる水蒸気が、奥岳川の上空を吹く風に引き寄せられ、集められて、白く泡立つ川の流れのようになり、その全てが目の前の八丁越に流れこむ。私が立っている山頂は意外にも風がほとんど無いのに、その雲は大滝のようになって竹田側へとそそぐ。目の前で繰り広げられる、ここでは日常茶飯であろう自然現象に我を忘れて見入ってしまった。

しばらくは呆けたように見ていたが、そのうちに面白いことに気がついた。目前の雲のほとんどが、一定の高さに止まっているのだ。水平方向にはどんどん広がってゆくのに、垂直方向には広がらない。１６００m付近から上に上ろうとした雲は見えない大きな手で押さえつけられたように平らになるし、１３００m付近よりも下に下ろうとする雲は、霧散するように消えてゆくのだ。残念ながら気象学的な知識を持ち合わせてないのでなんとも言えないが、気温の差の影響なのだろうか。この雲のパントマイムは、自然の営みというよりも作為的な気配を感じるほどだった。

遠くの眺めは得られなかったものの、直下の川上渓谷や、竹田の神原ははっきりと見えたので、高度感はなかなかだった。また、いくら見ていても飽きそうにない雲の演劇に後ろ髪を引かれるが、この後歩く宮原までの道のりが気がかりで、下山を始めた。

八丁越まではすぐだった。八丁越から大障子岩山頂までは案内板の通りに45分ちょうどだったが、宮原まで3時間というのは本当だろうか。たぶん何かの間違いだろうが、尾根道歩きに新たな楽しみのオマケがついたな。

９時45分、八丁越から西の原にむけて歩き始める。緩やかな尾根道歩きは快適だ。気持ちょい森の中を様々な木々に見守られて歩く。ほとんどは尾根の竹田側を歩くのだが、だんだんと尾根のピークを通るようになってくるとアップダウンが徐々に増えてきて、なかなか歩き応えのある道が続く。

途中で親子と思われるお二人に会ったが、息子さんのはつらつとした表情が印象的で、そんな息子と歩く私とほぼ同年代と思われる親父さんがちょっぴり羨ましかったりもした。

八丁越から45分、岩肌がむき出しになった道の両側が、切り立った崖になっている場所に出くわした。鹿の背という難場だろう。あらかじめ人に聞いていたのでさほど驚きはしないが、ここは慎重に渡る。渡るときはそれほどでもないのだが、渡り終わって振り返ると、後ろの岩峰と合わせた風景はなかなかのものだ。山の稜線ならではのちょっとしたスリルと感慨を味わえるな。

その後もミツバツツジやゴヨウツツジ、カクレミノのような木やシロモジにダンコウバイ等々、低中木がとても興味深く、樹木好きにとっては素晴らしい尾根道が続く。やがて西の原のピークに到着した。八丁越からまだ1時間と15分しかたっていない。それにしても、天気がもう少し良ければ展望もまだまだ豪華なものになったのだろうが、残念ながら今一つだ。特に休憩するわけでもなく、宮原に向けて歩き出すとすぐに変わったモノを見つけた。

以前にも一度見かけたことはあるが、真っ赤なウインナーのような実をたわわに付けたツチアケビだ。ラン科の植物で、その実を果実酒にしたりして強壮剤として飲むこともあるらしいが、見た目がなんとも……。

初めて見かけた時は、こげ茶色の腐葉土からいきなり真っ赤で妙なカタチの、得体の知れない植物が生えている姿にびっくりしたものだ。見てはいけないものを見てしまった感じだったな。

目の前のツチアケビは背丈が50㎝ほど。よく見ると色は少し黒ずんでおり、シワも多い。縦走路の脇にあるので結構人目に付いているはずなのに、マナーが良いのか、不気味なのか、誰も手を出した様子はない。果実は甘味もあるらしいのだが、まあ、今回は私も遠慮しておこう。

ツチアケビに別れを告げて歩き始める。少しずつスズタケが増えて来るが、歩く範囲はきれいに刈られており、とても快適だ。そろそろ宮原に付いてもいい頃だなどと考えていたら、唐突に尾平からの祖母山登山ルートと尾根道との宮原出合いに到着した。

到着時刻は11時35分。八丁越から1時間50分だ。特に急いだわけでもないので、やはり八丁越の案内板は少し大袈裟だったようだ。祖母山頂までの間違いだったのかもしれないな。

まだまだ時間はあるし体力も十分なので、このまま祖母山まで行って黒金尾根ルートで尾平に降りようかと本気で考えた。しかし、遠くで雷鳴が聞こえ、天気が不安定になってきているようだし、祖母山頂経由でクルマのある大障子岩登山口まで歩くとなると、少なくとも今から5時間ほど歩くことになりそうだ。できなくはなさそうだけど、少しでもアクシデントがあると日没に間に合わないような感じなので、今回はあきらめよう。いつかは歩いてみたいルートだけれど、朝をもっと早めにスタートしないと難しそうだ。

小休止の後、尾平にむけて下山開始だ。さすがにメジャーなコースなので、道はしっかりしているし、傾斜がきつい割には歩きやすい。とは言え、下りは膝に大きな負担がかかるので、縦走路では使わなかったストックを出して慎重に足を運ぶ。私のような無理のきかない中年男にとって、足の怪我は山歩きでは致命的だからなぁ。

しばらく歩いていると登山者が見える。近づいてみると若い女性だ。登る姿勢が美しく、山なれした感じで服装もしっかりしている。ザックのパッキングも外付け装備品はなくて、簡素ながら50ℓはありそうだ。聞くと単独登山での山小屋泊まりとのこと。はつらつとした笑顔が頼もしく、とても爽やかな印象だ。楽しい山歩きを、どうぞご安全に。

またしばらく降りると、今度は30代前半くらいの男性に会った。単独だが、ひとめ見て初心者とわかった。ザックを無造作に地面に置き、失礼ながら、パンを貪り食うという様子だ。ジャージのズボンには転倒した跡があり、重ねて失礼だが、格好が祖母～傾山の深い森歩きにはそぐわない。

挨拶を交わすとすぐに尋ねられた。「今から祖母山の山頂まで行って、5時半までに尾平登山口まで帰れますか?」

現在12時半過ぎ。聞くとここまで2時間かかったそうだが、私なら1時間ちょっとくらいの現在地だ。彼の様子だと、ここから山頂までは少なくとも3時間はかかるだろう。往復だと登山口まで8時間はかかることになる。「残念ながら、まず無理だと思います。尾根道に出て、少し行くと展望の得られる所があるので、そこからはすぐに引き返した方がいいですね。」

彼は少し不満そうに言った。「僕はくじゅうの山はサクサク登るんですけど、ここは〝野生〟ですね!」

野生って、ここはまだ序の口だけどね。

彼の山旅の安全と無事を祈りながら別れたが、誰かに迷惑をかけるようなことにならなければいいけれど。

30分ほど降りると谷川に行きあたり、渡ると林道に出る。見覚えのある林道をテクテク、ブラブラ歩くこと1時間。朝の登山口に到着だ。

楽しく、達成感のある8時間あまりの山歩きだった。満足だ。

追記

翌日会社の同僚が言うには、祖母山で遭難者が出たとテレビで言っていたらしい。その後マスコミに取り上げられていないところをみると、たいしたことは無かったのだろうが、たぶん彼だな。

以後無理な山歩きをしないように祈ります。

麗しの　祝子川渓谷

昨年の秋に、念願と言うほどではないが自然観察指導員の仲間入りをした。私の受けた研修は何年かぶりに大分県で行われたものだそうで、くじゅう連山の素晴らしく美しい自然環境の中、九重青少年の家での１泊２日の楽しい体験となった。

研修会はかなりぎっしりとスケジュールが組まれていたのだが、講義とフィールドでの体験学習のバランスがよくて、とても充実した内容だった。また、日本自然保護協会からの講師の方々や、ボランティアで参加されている指導員の方々との懇親会も催されたりして、正直なところ今まで私の周りにはあまりいなかったような素敵な個性の人たちと交流ができ、とても有意義な時間を過ごした。

そして何よりも嬉しいのは、自分にとっての自然観察のコツのようなものが見えてきた気がすることだ。研修ではいろいろと教わったが、その中でもすぐに実践できそうな「そっと見る、じっと見る」というのがとても心に響いた。実際、観察の対象となる動物や植物のありのままの姿を見ようと思ったら、いろんな配慮をしつつ、そっと見ることは必須だろう。また、ゆっくりとつぶさに、そしてじっと見ることで、得る情報の量は格段に増える。当たり前の事だが、同じ景色を同じ人が見ても、何気なく10秒間眺めるのと3分間観察するのとでは気づきや発見の数に大きな違いがあることに、あらためて気付かされた。少し退屈するくらい同じところや同じものを眺めていると、新たに見えてくるものもあるだろう。

今の私にとってその2つに気がついたというだけでも、自分が歩く森に点在する自然の営みの痕跡をとらえて、そこにあるはずの様々な「森の掟」を感じ取れる心の双眼鏡を手に入れたような気分なのだ。

そしてもう一つ、実践するのはなかなか難しそうだけど、自分の得意とする分野の見識を深めつつ、自然界の全てのことにまんべんなく興味を持つことがとても大切なことらしい。さながら私なら「山を歩いてばかりいないで、たまには鳥の観察でもしてごらん」ってところかな。

ところで月日の経つのは早いもので、初めて大崩山に登ってからもう2年が経つ。

昨年の春は何かと忙しくて、新緑の季節に近場の山にすら登れなかったので、今年こそは大崩山の山嶺でゆっくりと沢遊びをしようと意気込んでいた。祝子川上流域での渓流釣りが主な目的だが、せっかくなので釣りの下見をかねて、バードウォッチングと洒落てみよう。

野鳥図鑑と双眼鏡を持ってバイクで大崩山へと出かけることにした。

4月下旬　快晴

天気は上々、季節は最高。こんな日はバイクに限る。

早朝に自宅を出て、いつものように途中のファミレスで朝食を済ませてから大崩山嶺へと向かう。8時過ぎには登山口に到着したが、さすがに時期が良いので登山者の車がたくさん止まっている。

アケボノツツジを見るならベストのタイミングなのだろうが、今日は目的が違う。

普通の登山の身支度をしてから歩き出したものの、山には登らないのはわかっているのにテンションが上がりっぱなしだ。いつもと違うのは、首からぶら下げた双眼鏡くらいなものだが、実は心の持ち様がずいぶん違っている。

なんと言うか、とても気楽なのだ。緊張や気負いのようなものが全然なくて、のんびりと歩くのが楽しい。

渓谷の響きも心地よく、ニヤニヤ、キョロキョロしながら歩くこと30分ほどで大崩山荘に到着した。

今日は一日中、このあたりを拠点にしてのんびりと過ごすつもりだが、べつに山小屋に置いておくような物もないので、そのまま川原へと降りてみた。

あらためて周りを見渡すと、2年前と変わらない素晴らしい光景だ。

その様子は、自宅のある臼杵市周辺の川の上流や、あるいは佐伯市で川が綺麗と評判の、番匠川の源流に近い所などと比べても雰囲気がずいぶんと異なる。曲がりくねった豊かな水流は、重なり合う大小さまざまな岩や石によって変化に富んだ表情を見せ、その流れは狭まったり広がったり、盛り上がったり落ち込んだりと、その躍動感は半端ではない。また、川の色合いが独特でとても美しく、花崗岩を主に白や黒、肌色や赤茶色など、色とりどりの大きな石がとても目をひく。

新緑の林には春の力強い陽光が降りそそぎ、緑が匂い立つようだ。濃い群青色の空が照らし出す非日常的な風景と、絶え間なく聞こえる渓谷の水音に浸って、唯々ここに我が身を置いているだけで、たまらなく幸せな気分になる。

春の盛りを迎えた川原では、おびただしい数のカゲロウのような虫が飛び回っている。まさに我が世の春といった感じだが、その虫たちを捕食している魚を見つけた。

木陰の浅瀬でしきりに水面を揺らしている姿を、本日の秘密兵器の双眼鏡で覗いてみると、思った通りエノハだ。エノハとはマスの仲間で海に下らず川に留まった魚の総称らしいが、九州には天然のイワナはいないと聞いた事があるので、おそらくヤマメかアマゴだ。

もっとハッキリ見たくて、川を渡って対岸の高みからそっと近づいてみる。前回登山のために来たときもボンヤリとした魚影を見つけて興奮したものだが、今回は双眼鏡のおかげで魚の模様までハッキリと見える。パーマークと呼ばれる独特な円形の模様が美しく、常に上流に頭を向けて泳いでいるようだ。そしてかなり頻繁に水面に落ちる虫たちを、体を素早く反転させながら捕食している。体長も20㎝以上はありそうで、しかもあちこちで同じように水面に飛沫をあげている。

ずっと土の上に寝そべるようにして観察していたが、興奮のあまり身を乗り出しすぎたのか魚に気づかれてしまい、エノハ達は一斉に姿を消してしまった。相手に気付かれないようにそっと見続けるというのも意外に難しい。

渓流釣りの経験はなく、経験者の話もあまり聞いたことはないが、何となく釣りのイメージはわいてきた。下流からそっと近づいて魚の前に浮き餌を落とせばよさそうだ。警戒心が強いとなると、水面に人影が映るのはNGだろうから、高い岸からのアプローチは無理だろう。目立たない服装でそっと岸を移動しながらの釣りになるのだろう。足場が割と広く、覆いかぶさるような木の枝も少ないこのあたりなら、４ｍ位の竿なら難なく振れそうだ。

ずいぶん昔、子供の頃に親父に連れられて、早春の川でオイカワ釣りをしていたことがある。夕方、川でセムシ（トビゲラの幼虫、イサゴムシ）をとって餌にし、抜き足差し足で川原を歩きながら芦の間からそっと竿を出す。するとすぐに銀色に輝く魚が釣れて、子供心にすごく興奮したのを覚えている。シラハエと呼んでいたオイカワは、七輪で醤油ダレを付けながら焼いて食べると、それはもう最高に旨かったものだ。

魚たちに逃げられてしまったので、次は山小屋前の川の様子を隅から隅まで見てまわることにした。大きな岩に登ったり、岸にあがって巻いたりしながら、双眼鏡を使って細かいところまで確認していくと、想像以上に魚影が濃くて嬉しい。

残念ながら鳥の観察はできなかったものの、岸を巻いている途中の林では、白いスミレの仲間が群生しているのを見つけた。大きなテーブル状の岩の上にびっしりと生え、花は全部が満開でとても美しい。名前がはっきりとわからないのが悔しいが、写真を撮って後で調べることにする。

2時間近くの時間をかけたおかげで、数カ所の好ポイントを見つけたのだが、まだまだ時間もたっぷりあることだし、もっと上流のワク塚下の徒渉点まで行ってみることにした。いったん大崩山荘の前まで戻ってから、三里河原《さんりがわら》への道を進んで、20分ほどでワク塚分岐点に到着した。

川へ降りようとすると、聞き慣れない鳥の鳴き声が聞こえてきた。少し高めの、金属的な張りのある美しいさえずりだ。木々のこずえを見渡して声の主を探すが、動く姿が捉えられない。渓谷の水音と反響でよくわからないが、どうも川原から聞こえているようだ。

そっと川に降りてしばらくじっとしていると、声の大きさに似合わない小さな可愛い鳥が現れた。大きな岩の間から出たり入ったり、近くの倒木にとまったりしながらしきりに鳴いている。全身が茶色で、体長はスズメよりもひとまわりくらいは小さいようだ。尾羽を垂直にピンと立てて、かぶりを振りながら「チリチリチリ」と鳴く姿はとても可愛らしい。体に似合わない大きな声でしきりにさえずり、チョコチョコとよく動き回る姿につい見入ってしまう。

とりあえず名前が知りたくて、持ってきた図鑑で調べると、林や渓流沿いの山地で見られるミソサザイという鳥だと分かった。尾羽を垂直に立てて、上下に振るしぐさが特徴的でわかりやすいし、体が小さいのによく通る美しい鳴き声が魅力的だ。

何かを誘うような仕草で石の上を移動しながらさえずり遊ぶ姿を、大きな岩の上から双眼鏡でしばらくの間観察する。遠目に見ればただの茶色にしか見えない羽根色も、双眼鏡で見ると光沢のある綺麗なチョコレート色だ。岩に倒れかかった倒木の隙間から出たり入ったりしながらしきりに鳴いているところを見ると、どうもメスを誘っているような感じだ。

しばらく見ていたものの、カップル誕生までは待てずに、また魚影を探すことにした。

山荘前の川原に比べて全体的に大きな岩が多くて歩きにくく、水の流れが早い上に白波立っていて魚の姿は確認できない。岩陰のトロ場に姿を見つけたが、どうもエノハではないようだ。游ぐ姿が弱々しく、サイズも小さいしパーマークも見えない。もしかすると稚魚かも知れないが、どのみち釣りの対象にはならないようだ。

それでも数カ所は竿を出せそうな場所も見つけたので、今日はこれでよしとしよう。

いったん大崩山荘まで戻ってからもう一度川原に降りる。遠くに小積ダキを見ながら木陰で昼食をとったり、寝そべったり、高い岩の上にケルンを積んでみたりと、まるで中学生の時のような過ごし方でしばらくゆったりと遊んだ。

登山口までの帰り道でも、並行して流れる川の様子が気になって仕方がない。あちこちで道草をして覗き込んで見ると、さすがに釣りのポイントになりそうなところもたくさんある。ただ、最低限のクライミング技術のようなものがないと不安な場所もありそうで、気安く降りていけば戻るに戻れないといったような目に遭うかもしれない。釣りをする以前の問題で、沢歩きで川の様子を確かめてから考えよう。

下山後は、お約束の美人の湯にゆっくり浸かってから帰路につく。私にとっては、一日の初めから終わりまでの全てがとても優雅で贅沢な休日となった。釣りの下見も完璧だし、近いうちにもう一度訪れる時のことを楽しみにして、今回のハイキングは終了だ。

5月下旬　晴れ

釣りの下見から、はや1ヶ月が経とうとしている。翌日の土曜日も休日出勤だという多忙なさなか、何とかやり繰りして差し迫った仕事だけは昼前に片付ける事ができた。遊び事で平日の昼に退社するのは同僚達に悪いと思いながらも、まさか早退の理由を話す訳にもいかず、そそくさと会社を抜け出して一目散に祝子川へと向かった。

1時すぎには山嶺の美人の湯に浸かっていたが、同僚達への罪悪感が妙な心のスパイスになってか、燦々《さんさん》と陽光が降り注ぐ露天風呂で、ほくそ笑むような幸福感を一人味わっていたのだ。……ごめんなさい。

さて、今回は初めての渓流釣りに2泊の予定で挑戦する。とはいってもガチで釣りばかりするつもりはなくて、若い頃バイクでツーリングしていたとき以来のテント泊と、初の山小屋泊も楽しみにしている。当然バードウォッチングを兼ねていて、今回は事前に野鳥に関していくらかの知識を詰め込んできた。双眼鏡も野鳥図鑑も用意しているので、どんな鳥に出会えるのか楽しみだ。

とりあえず今晩は、美人の湯の駐車場の片隅をお借りしてテント泊のつもりなので、管理人の許しを頂いて早速設営にかかった。今日のために新調したモ〇ベル製の一人用山テントは直感的に作業ができるようによく考えられた作りで、この日が初めての組立作業にもかかわらず、10分ほどで組み立てることができた。

そのテントの中に、酒とつまみと軽めの小説を用意してから、二度目の温泉と食堂での夕食を楽しんだのだが、そこで千葉県から来られたという男性とお会いした。

彼はたったひとりで、九州各地の山々を訪れては登山を楽しんでいるらしい。毎日が県を跨いでの山行だそうで、麓で車中泊をして早朝から登り始め、早々の下山と移動を繰り返しているとのことだった。

私よりもひとまわりは年上だとお見受けしたが、そのパワーには脱帽だ。明日も大崩山に登った後は九重《ここのえ》町に移動するそうだが、元気にもほどがあるよ。

彼のように、〇〇百名山と呼ばれるような山を全て制覇するような登り方にも大いに魅力を感じるものの、同じ山に季節やコースを変えて、じっくりと向き合って登るというのも悪くないと思うし、今回の私のように、山にも登らず、山嶺の河原でただ遊ぶだけというのもなかなかに魅力的で、今さらながら人それぞれに楽しみ方があるものだと思った。

夕食後は夕暮れ前の山里を散歩した。

ジャージにサンダル履きでぶらぶらと歩きまわる。近くの民家の夕食の支度をしている音を聞き、薪で湧かす風呂の煙を眺めたりして迎える夕暮れは、自分とは何の所縁《ゆかり》もないこの地に不思議な親近感を感じさせ、自分の家がすぐそこにあるような錯覚を覚えた。

日も落ちて、うす暗くなってからようやくテントに入る。しばらくは酒を飲みながら読書と気どってみたが、すぐに眠気に負けて眠ってしまった。

夜中に目が覚めると、しきりに鳥が鳴いている。聞き覚えのある鳥の声なのだが、切羽詰まった鳴き方には、なんとも言えない不気味さを感じる。「トッキョキョカキョク」や「テッペンカケタカ」とも聞きならされる声の主は、カッコウの仲間のホトトギスらしい。それにしても、こんな夜中にいつまでも繰り返し大声で鳴く様子が一種狂気じみているようで、野宿する者にとっては、あまり有難くはない臨場感を演出してくれるというものだ。

ホトトギスの叫びに悩まされながらも、もうひと眠りしてから目を覚ましたのは4時過ぎだった。まだ暗かったが、駐車場の外灯を頼りにテントを片付け朝食を済ませてから登山口へと向かった。

登山口から大崩山荘までは既に何度も歩いているが、いつでも心が躍る。特に今回は山小屋に泊まって遊び放題なので、嬉しさもひとしおだ。

山荘に到着したらすぐに荷物を置いて川原に出てみる。魚影は見えないものの、「ヤマメが呼んでいる！」と身勝手な言葉がつい口からでてしまうな。

ただ、今日はここでの釣りはせず、もっと上流の様子を見に行くつもりなので、竿出しはおあずけだ。時間はたっぷりあるのになぜか気がせいて、すぐに小屋に戻り釣り道具一式と食料を15ℓの簡易ザックに詰め込んで、バタバタと出発する。


前回の下見で行ったワク塚への徒渉点を通り過ぎて、三里河原へと進む。思っていたよりもスリルのある登山道が続いて、少し浮かれた気分は何処へやら……。

木々に囲まれてはいるものの、全体的に山の谷側の壁にへばりつくように作られた道は、一歩間違えば命に関わりそうだ。

やがていくらか開けた場所に出たが、これがまたなかなかのものだ。巨大な一枚の花崗岩の、かなり傾斜のある壁を横切らないと先には進めないようになっている。万一、下まで落ちたとすると100mどころではなく、気軽な川遊びを想像してここにきたらびっくりすること請け合いだ。

何とかそのスラブをやり過ごし、頼りないハシゴやロープで、落ちたら一巻の終わり的な場所を、山側にへばり付くようにしながら降りてゆく。水音が近くなり平坦な道になると、かつて誰かが幕営していたような跡が残る場所があり、そこを左に降りると川原に出た。

吐野《はきの》と呼ばれる三里河原の入口だ。山荘前の川原と比べて、両岸を含めた原生林ぐあいが更に色濃くなったようで、ゾクゾクするほど嬉しい。双眼鏡で川面をそっと眺めると、いるいるヤマメが！

早速竿を出して渓流釣りに初チャレンジだ。意気込んで始めたものの、すぐに根かかりして仕切り直し。すると今度は頭上の枝に糸がからまり、またやり直し。心だけがはやって空回りだ。すでに魚影は見えないが、幾度となく餌を投げてみるものの反応はなし。

そっと回り込んで大きな岩陰めがけて竿を振っていると、あろう事か上流の川の中をバシャバシャ音を立てて歩いてくる男性が現れた。彼は途中で私に気づいたようですぐに岸に上がってくれたが、う〜ん、もう遅いよ。

気まずそうに近寄ってきた彼と挨拶を交わし、少し話してみた。

彼は宮崎市内から来たとのことで、この祝子川を渓流釣りのホームグラウンドの一つにしているそうだ。今日は夜明けとともに此処から入渓して、かなり上流まで釣り歩いたとのことで、釣果も15匹と凄い。彼によると解禁直後はその倍ほど釣れるとの事だが、その頃はまだ雪がかなり残っていて、危険な所もあるとのことだ。

私の、見るからに素人のような格好に対していかにも沢慣れした彼のいでたちに、お互いの実力差は一目瞭然で、いまさら私が上流へ行ったとしても無駄足になるのは必至だと感じた。

私に気を遣ってくれたのか、もっと下流の玄人はあまり竿を出さなそうなポイントを幾つか挙げて、彼は去って行った。

さて、これからどうするか。せっかくここまで来て、1匹の釣果もないまますごすごと帰るのはさすがにイヤだ。そうかと言って彼のように川の中を歩いて釣り廻るような装備も技術もない。

しばらく考えたが、取りあえず竿を畳んで双眼鏡で川の様子を見ながら遡上ることにした。

対岸に渡って少し歩くと、ヒメシャラが数本立っている平坦な場所があった。幕営するのにはうってつけの場所のようで、すぐ下には小さな淵があり、なんと結構いいサイズのヤマメが泳いでいる。

よく見るとヤマメの他にも少し小さな魚もいる。警戒心の強いエノハの類は一度場を荒らすとその日はもう釣れないと聞いていたが、取りあえず竿を出してみることにした。

そっと岸に降りて背を屈めて竿を出し、トロ場にエサを投げてみる。すぐに当たりがあったが、釣れたのはタカハヤ、別名アブラメという魚のようだ。昔釣っていたものより幾分大きいけれど残念ながらヤマメでないのは確かだ。その後も同じように当たりがあって、やはり釣れるのはタカハヤばかり。エサのミミズが原因かとも思ったが、今日はこれしか持っていないので仕方ない。前回の下見では水面に浮かぶエサをイメージしていたのだが、時間の都合上ミミズしか用意できなかったのだ。

もう姿は見えないけれど、この淵のどこかにヤマメはいるはずなので諦める訳にはいかない。いかにも魚が潜んでいそうな岩陰から、瀬口の水の流れが速い場所へポイントを変えてみる。

そして、何度目なのかわからなくなるくらい竿を振った末に、ついに待望の当たりがあった。想像以上に元気良く水面から現れたのは、体全体が薄い黄金色をした美しいヤマメだ。

写真とかで見るものよりも明らかに体の色が薄いものの、パーマークはくっきりとしていてとても綺麗な魚体だ。目と顎が発達していて迫力もあるし、その体は触るとなめらかで肉付きがよく、握っても肉厚で弾力がある。釣り上げてすぐに腹ワタとエラを取って川の流れで魚体を洗っていると、驚いたことに私の手から逃れるように体をくねらせて、なんとそのヤマメは泳ぎ始めたのだ。もちろん心臓も内蔵もエラも何も付いていないのに……。

ちょっとオカルトチックな出来事にたじろいだものの、気を取り直して釣り人の習性の一つである「ストマックチェック」をしてみた。釣り上げた魚の胃袋の中を調べることで、何を餌にしているかがわかるし、魚のプチ健康診断もできるからだ。

ヤマメの胃袋を見るのはもちろん初めてだが、海の魚と比べても、このヤマメの胃袋は魚体のサイズに対して少し大きいような気がする。胃壁は厚く引き締まっていて、荒れや潰瘍のあともないようだ。内容物は焦げ茶色のゴミのようなものがほとんどなのだが、ルーペでよく見るとどうもトンボの幼虫「ヤゴ」のカラのようだった。あとコガネムシの仲間のような甲虫の外羽がひとつとテントウ虫が1匹。

日頃は昆虫を食べていたらしいこのヤマメにとって、私の持ち込んだミミズが御馳走となって、一瞬でも喜ばすことができたのなら良かったのだが。

その後もしばらく同じ場所で粘ってみたけれど釣果は無い。いずれまたここに来ることを誓って今回は撤退だな。時間的に余裕のあるうちに山小屋で泊まりの準備をしたかったので、竿を畳んで大崩山荘まで引き返した。

小屋に着いたのは4時過ぎ。先ほどのヤマメは家に持って帰ることにしたので、ジップロックの袋に入れてから網の魚籠に入れ、小屋の前の冷たい川の流れに沈めて保存。小屋に戻って、シュラフやマットを取り出して部屋の隅に広げると、何となく自分の居場所が確保できたような感じがして、気分的に落ち着く。

まだ日も高く少し早いけど、ビールとワインを取り出して晩酌の始まりだ。つまみはポテチとサラミとカマンベールチーズ。一人ぼっちでテレビもなく、インターネットも使えないような山の中なのに、なぜか深く静かに楽しい。

寝酒用のワインを残して、晩御飯の用意だ。用意と言っても川の水を沸かして、乾燥させている山菜御飯の袋に注ぐだけ。副菜にウズラの卵とさっき小屋までの帰り道で採ったイワタバコの葉っぱを添える。イワタバコの葉は歯ごたえがいいし、マヨネーズをつけて食べるとなかなか旨いのだ。

食事の後はコーヒータイム。祝子川の水を再度沸かし、フィルターの中に予めブレンドされたものをカップにセットして、儀式のようにトロトロとお湯を注ぐ。濃いめに入れたコーヒーは芳香を放ち、その旨いことと言ったら！

3杯めのおかわりを用意していると、山小屋の外で綺麗な鳥のさえずりが聞こえた。そっと窓に近づいて見ると、10mほど先の木の枝に青い鳥がとまっていて、「チーチピッピッチチピー」と、キレのある声でしきりに鳴いている。

双眼鏡でそっと覗いてみる。小鳥と言うには大ぶりな体躯は、頭から尾羽まで艶のある綺麗な青色の羽に覆われている。顔のまわりやクチバシは黒く精悍で、居ずまいと共に凛とした雰囲気があり、見惚れるように美しい。

図鑑で調べるまでもなくオオルリだとわかったが、予期していなかった初めての出逢いはとても嬉しく、その姿の美しさは、太古からの原生林を残したこの森の姿を象徴しているようにさえ感じる。

しばらくはほぼ同じ場所でさえずっていたが、やがてそのオオルリも飛んで行き、森はうす暗くなってきた。

暗くなると特にすることもない。電波が届かないので送ることはできないけれど、シュラフに入って妻にメールを打った。実は明日は私たち夫婦の25回目の結婚記念日だ。世間ではお祝いするはずの銀婚式だと言うのに、私はこんな山奥でひとり、寝袋の中ときたもんだ。

私がひとりでどこに行こうが何の文句も言わず、いつも快く送り出してくれる彼女に、感謝と懺悔の言葉を綴って明日贈ることにしよう。

翌朝早く、アカショウビンの鳴き声で目が覚めた。「フィョロロロロロー」と民俗楽器の縦笛のようなさえずりは、およそ世にある目覚まし音の中では、最良、最高の部類だろう。すぐに飛び起きてあたりを双眼鏡で見まわすけれど、姿はわからない。すぐ近くで鳴いているものとは別の鳴き声も、遠くで聞こえていた。

朝食とコーヒーを済ませて荷物を片付け、そそくさと川原へと向かう。今日は朝からじっくりと、山荘前の川原で釣りをするつもりで、早速前回の下見で魚影のあったポイントで竿を振ってみる。何度目かの投入でアタリがあったものの、合わせが上手くいかずにバラした。その後も数回アタリやハネがあったのだが、釣り上げるには至らない。しばらくは同じ場所であの手この手で粘ってみたが、だんだん反応がなくなってしまった。

場所を変えて、岩陰を中心に餌を沈めるように流していると、待望のアタリがあった。とても重たくて、元気のいい魚体が水面から上がった時の興奮は格別としか言いようがない。

釣り上げたヤマメは赤黒いような体色で、丸みも長さも堂々たるものだ。計ってみるとなんと30㎝にわずかに届かない程の大物だった。いわゆる「尺モノ」の称号は惜しくも逃したが、私にとっては十分すぎるサイズだろう。

興奮で震えながら腹わたやエラを取った後には、やはり昨日のヤマメと同じように、カラのお腹をものともせずに泳ぐというオカルトな姿を見るはめになったが。

その後も同じ場所でしつこく粘っていると、26㎝、23㎝とサイズを落としながらも、都合3匹のヤマメを釣り上げた。昨日のものとは明らかに色や姿も異なるが、間違いなくヤマメだ。

昨日の分と合わせて合計４匹。かけた時間の割には少し寂しい気もするが、初めての渓流釣りにしては上出来かな。

気がつけば、すでに昼を過ぎている。あっという間だったし、とても名残惜しいけれどそろそろ帰らないと。

荷物を抱えて歩くこと30分で登山口に到着。あとは美人の湯に浸かって、思った以上に凝り固まった身体をほぐしてから帰路につく。

帰宅してからヤマメは全て塩焼きにして家族で食べた。妻も喜んでくれたが、上品でホッコリと旨いヤマメは酒の肴としても抜群で、吟醸酒にぴったりだった。


祝子川にはしばらくハマることになりそうだ。なんと言っても、その風景の中に我が身を置くこと自体が最高に心地よい。野鳥の観察も、オオルリやミソサザイの他に、カワガラスやキセキレイなどもすぐ近くで観察できるし、あそこにいると、同じ森に身を置く者同士の連帯感のようなものさえ感じることができる。

そして、渓流釣りの楽しさは格別なもので、餌釣りだけでも相当な工夫や熟練の余地がありそうだ。とりあえずは近いうちに登山口から山小屋までの川を歩いてみたい。また、吐野から先の権七小屋谷出合《ごんしちごやだにであい》までの三里河原では、一番乗りでゆっくり釣ってみたい。次回は装備も整えて、水面を揺らしながら川の中を釣り歩こう。

そして今回は姿を見られなかったアカショウビンも、近いうちにぜひ実物を見たいものだ。

何はともあれ、とても楽しく贅沢な沢遊びだった。満足だ。

追　記

その後は7月にも再度訪れて渓流釣りを楽しんだ。その時は、前回初めてヤマメを釣り上げた場所でテント泊をして、まさに一番乗りで上流域まで釣り歩き、6匹の良型を釣り上げた。そしてその場で魚を背開きにしてから塩をまぶし、炎天下の岩の上に干して、一夜干しならぬ日干しヤマメを作ったりして楽しんだ。

ただこの時は、釣りに関してはよかったのだが、テント泊の荷物が多すぎて失敗だった。80ℓのザックにパンパンに詰めた荷物が重すぎて、途中でマジメに倒れるかと思ったほどだった。若くは無いのだから、いろいろと加減しないと……。

そして今年の春には、登山口付近から入渓して大崩山荘までの区間を釣り歩いてみた。

春の盛りの渓谷は、いちいち景色や草花の様子が素晴らしく、なかなか釣りに専念できずに釣果は今ひとつだった。しかし、釣れようが釣れまいが、この祝子川は私の感性にとてもよく合うのだろう、楽しさは半端ではない。仕事のストレスなど木っ端みじんだな。

どうしても川の中を歩けずに岸を巻いたのは2カ所だけで、小屋下までの沢歩きでは、クライミング技術などは不要だった。ただ、熊本地震の後だったこともあり、落石や浮石には細心の注意を払って歩いたつもりで、そのおかげか、怪我もなく無事に帰ることができた。

そして今年は遊漁券の年パスを買っているので、あと2〜3回は行くつもりでいる。

まだまだ私の中の祝子川ブームは終りそうにない。夏には三里河原の最深部まで歩いてみるつもりで、楽しみは尽きない。

待ちわびた　黒岳

毎年繰り返される梅雨の最中とはいえ、毎日毎日降り続く大雨には、もういい加減うんざりしていた。山歩きに出かけるのも躊躇われて、梅雨明けまでは仕方がないと諦めかけていたところ、幸運にもこの週末は好天の予報だ。

この千載一遇のチャンスに登ろうと選んだのは由布市と竹田市にまたがってそびえる黒《くろ》岳《たけ》だ。くじゅう山群の一番東に位置し、山麓には湧水で有名な男池《おいけ》がある。日本の自然百選にも選ばれているそうで、とりわけ種類豊かな自然林が魅力的だそうだ。

紅葉や新緑の季節はもちろんのこと、夏の盛りの黒々とした森も樹木好きにはたまらないところらしく、県内外から登山者がとぎれないと聞く。

実は、このタイミングで黒岳に登りたくなったのにはちょっとした訳がある。以前から友人に黒岳登山を勧められていたことも理由のひとつだが、つい最近、他の知人達にも誘われたのだ。

私は数年前に山歩きを始めてから、少しずつ身近な動植物に興味を持つようになってきた。2年前に自然観察指導員の資格を取った頃には、それまでは全く関心のなかった外来の動植物にも興味を持つようになっていた。

ちょうどその頃、別府市内で外来植物の写真展が催されることを新聞で知って、渡りに船とばかりに訪れてみたことがあり、その際、主宰者の自然観察のセンスや知識の豊富さに感動し、またその方の勧めもあって「大分県植物研究会」に入会し、その一員となった。

この会では県内の植物の保護活動や研究の他に、春から秋にかけて8回ほどの定例観察会を行っており、県内の研究者や営林署のOBが同行して、貴重な植物の説明や樹木草花などの同定を行っているらしい。

……らしいと言うのは、そう、入会して既に2年が経つのに、私はこの観察会に一度も参加したことがないのだ。

ちょうどその時季は家業の農繁期でもあり、またここ数年は大崩山嶺の祝子川での釣りや沢遊びにはまっていて、残念ながら完全な幽霊会員になってしまっている。

そんなわけで、会長さんから観察会の案内の葉書を頂くたびにいつも申し訳なく、心苦しい思いをしていたというわけだ。

しかし、先日お誘い頂いた5月の定例観察会は、以前から興味のあった黒岳での実施ということで、前日には案内人の方と連絡を取り合うなどして参加する気は満々だったのに、当日は朝から大雨となり、観察会は中止となってしまった。

それでなくとも、これまでの長雨に欲求不満が貯まっていたところに、一度入った心のスイッチがなかなか切れず、さらに悶々としながら週末の好天を心待ちにしていたというわけだ。

当日は、久しぶりの初訪の山に登れる嬉しさで、朝はとても早く目覚めた。

午前3時には自宅を出発、途中で朝食も済ませて国道210号線を進み、由布市役所付近から県道621号線へと入って行く。何度かバイクで通ったことのある道なのだが、交通量の割に道幅は狭いし見通しの悪いカーブが多く、今日のように普通の乗用車ではあまり走りたくはないような道だ。

しばらく進むと、赤いカラーコーンが道幅いっぱいに置かれていて、なんとまさかの通行止めだ。

連日の大雨で落石か土砂崩れでもあったのだろうが、黒岳への最短のこの道をよりによって今日通れないとは、まったくついていない。

仕方なく引き返したが、途中に通行止めの看板と迂回路の案内表示がしてあり、注意していれば気づいたはずだった。

名水や湧水で有名ということは、もともと水気の多い土地柄だろうし、このところの大雨で、もしかすると黒岳の登山道自体が危ういかもしれない。登りならまだしも下山途中で崩壊地などに出くわしたら面倒だ。

遠回りになる迂回路をぼやきながら運転していたが、道幅は意外に広いし適度なワインディングは結構楽しい。バイクほどではないにしろ「法定速度って何キロだったっけ?」的な速さで走り、あっという間に到着した。

おかげで、男池の駐車場に着いたのは5時半と、回り道したにもかかわらず結局は当初の予定通りだ。早朝から、駐車場には数組の泊まり組や十数台の県外ナンバーの車がいて、さすがにくじゅうの山だ。


6時ちょうど、日本名水百選にも選ばれているという男池への遊歩道を歩きはじめた。今回はこの男池公園からソババッケや風穴を経て、黒岳の最高峰である高塚山《たかつかやま》と前岳《まえたけ》のピークを踏み、白水鉱泉《しらみずこうせん》の白泉荘《はくせんそう》へと降りるコースを選んだ。白泉荘からは県道を歩いて男池駐車場まで戻る予定で、所要時間は8時間ほどだろうから、順調にいけば午後2時頃には戻って来られるだろう。

遊歩道を進むとすぐに橋があり、登山道と男池への道に分かれている。今日は寄り道をせずに登山道へと進む。辺りに広がるコナラの林は美しいだけではなく、沼の中から直接木々が生え出ているように見える林もあったりして面白い。所々に山アジサイの花が咲いていて、穏やかな早朝の登山道は涼やかな森の散策といった雰囲気だ。

あちこちで小鳥が囀り、遠くで鹿の鳴き声も聞こえてくる。その中に特徴的で聞き覚えのある鳥の鳴き声があった。か細い声で「ヒィ〜〜」と鳴くのはトラツグミのようだ。双眼鏡で姿を探すものの見つからない。異形の妖怪、鵺《ぬえ》の鳴き声とも言われているこの鳥の寂しげな鳴き声を、昔の人が薄暗い山の中で聞いたとしたら、妖怪を連想させるのに十分なくらい不気味だろう。

登山道はあちこちで木の根が水に洗い出されていて少し歩きにくいものの、全体的に緩やかな登りを1時間ほどでソババッケについた。

ここは水のない沼の底のような地形で、タップリと水を含んだ泥が溜まっている。

恐る恐る足を踏み入れるものの、泥に足を取られてとても歩きにくい。先行者がいたようで、その足跡はグズグズにはまり込んで苦労したような跡がある。一応は踏み石状の物を設置しているがあまり役にはたたず、イノシシの足跡を踏んで進んだほうがいくらかマシのようだった。

ソババッケを過ぎると暫くは平坦な道が続く。広がる林の足元にはモミジガザの仲間のニシノヤマタイミンガサがたくさん群生していて、なかなか壮観だ。

どの個体も大きく葉を広げてのびのびと育っており、その中のいくつかは白い花をつけている。

私にとってモミジガザの類やイワタバコなどの植物は、深山幽谷とは言わないまでも、普段は立ち入ることのない深い森の象徴のような存在だ。もちろん採ったりはしないけれど、山菜としても美味しいのでたくさんあるだけでなんとなく嬉しい。

ニシノヤマタイミンガサの群生地を過ぎても暫くは歩きやすい緩やかな登りで、ニホンヒキガエルにしては少し変わった模様のヒキガエルや、バイケイソウの花を観察しながらのんびりと歩く。徐々に足元に苔生した岩が現れ始めると、その後は涸れ谷の底のような岩ばかりの道になり、歩くのに注意が必要になってきた。

登山口からちょうど2時間で風穴に到着。

ここは偶然見つかった自然の洞穴かと思っていたらそうではなく、明治時代の地元の養蚕家が産業利用目的で10年あまりの歳月をかけて探し当てたものらしい。蚕の成長をコントロールするために、一定の低温を保てるこの風穴を利用したとの説明書きがあった。

生活に必要なインフラも十分ではなく、現在のようなＧＰＳや登山装備もない時代に、この山深い森を歩き回って探し当てるには大変な情熱を傾けたことだろう。

入口は縦穴で降りていけるようになっている。少し好奇心が湧きかけたが、中は真っ暗ですこし気味が悪いので今回は遠慮した。狭いところは嫌いだし。

さて、ここからは進路を北東に変え、いよいよ本格的な登りになる。獣道のような登山道は直登に近い勾配の所もあってなかなか歩き応えがある。ただ踏み跡はしっかり付いているし、目印のテープも所々にあるので道に迷うことはないだろう。

40分ほど歩くと天狗分かれの道標が現れた。天狗岩からの眺望はいいらしいが、今回は寄り道をせずに山頂へと向かう。

10分ほど歩くとまた道標があり、天狗岩と高塚山への方向が示されているがそのまま山頂へと進み、15分で高塚山の山頂に到着した。

標高１５８７ｍ高塚山（黒岳）山頂。眺望は思っていた程ではなくて、まあまあといったところだ。まわりに灌木が繁っているからか、あまり山の頂にいるという感覚が沸かない。

それでも、これから向かう前岳方面を望むと、足下から延びる稜線は緩やかな鞍部を経て、優しいカーブを描きながら前岳山頂へと延びており、なかなかの景観だ。濃い緑がモコモコと沸き立つように見えるのも面白く、心配していた土砂崩れのような跡もなさそうだ。

まだ9時半前で急ぐ必要は何もないのだが、前岳への道のりが楽しそうで休憩もそこそこに歩きだした。

木々に囲まれた急勾配の道を滑るように歩いて直下の鞍部に降りると、上台《じょうだい》と呼ばれる平坦な道になる。わかりにくいピークを過ぎて少し進めば、今度は急勾配の下り坂だ。樹の幹や枝を支えにして身体全体を使って降りてゆく道は、気は抜けないもののとても楽しく心地よい。

連続する坂道を降りてしまえば前岳まではもう少しで、上台うつしという鞍部を過ぎてからはどれほどもないはずだ。

いくらか空腹を覚え、この辺りで休憩することにした。ザックをおろして岩に腰掛け、少し早めの昼食を摂る。

パンを頬ばりながら辺りを見渡して気がついたのだが、ここの森の気配というか雰囲気は少し独特だ。森というには明るすぎるほどの光が溢れていて、岩陰が生み出す苔の濃い緑色や、木の根元の小さな洞などの暗部と、岩の表面で艶やかに光る緑の苔や、風に揺れて輝く新緑とのコントラストがとても面白く、美しい。

また、水分をたっぷり吸って勢い付いた樹木や、長年にわたり積もり貯まった落ち葉などが、初夏の強い日射しに急激に暖められたせいだろうか、ほのかにではあるが何ともいえない匂いがするのだ。単純に腐葉土の匂いというわけではなくて、幾つもの種類の木々が発するフィトンチッドに充たされているかのような印象。もちろん私にとってはイヤな匂いではなく、逆に梅雨の最中の快晴の日だからこそ体験できる、貴重な匂いなのかもしれないと思って、深呼吸したほどだ。

そして、近くの木からは聞き慣れない蝉の鳴き声が聞こえる。よく知っているアブラゼミやクマゼミとは違う、抑揚の無い長いスパンのジィィィ〜という鳴き方で、まるで耳鳴りのようだ。声の主は、九州では山岳地帯に多いというキュウシュウエゾゼミだろうと思い、双眼鏡を出して探すが見つからない。背中に「山」の文字を背負った姿を拝みたかったのだが残念だ。

10分ほどの小休止だったが、腹が満たされて体力も気力も満タンだ。

仕切り直してから、ひと歩きで標高１３３４m前岳頂上に到着。直前に見晴らしの良い所があってそちらの方が展望は良く、ここは灌木に囲まれて景色あまり良くは見えない。

高塚山から1時間50分、既に11時を過ぎているが、あとはただひたすら降りてゆくだけなのでほぼ予定通りになりそうだ。

前岳山頂を後にして急坂の連続する岩場を降りてゆく。花は咲いていないがシャクナゲがあちこちに自生しており、花の季節はさぞかし美しいことだろう。

急勾配の下りの途中で朗らかな笑い声が聞こえ、現れたのは若い男性の3人組だ。挨拶を交わして話を聞くと、私が歩いてきた道のりをこれから逆にたどっていくと言う。まだ二十代の中頃位だろうか、三人とも若いわりに装備も服装もこなれていて頼もしい印象だ。もう正午近いのに今から男池までの縦走となるとかなり厳しいような気もするが、若さとそれなりのスキルを持っていそうな彼らにはどうということも無いのだろうな。私にはちょっと無理っぽいけど。

彼らと分かれてすぐに、今度は私よりも少し年輩の御仁とお会いした。カメラを首から下げてなかなか威勢のいい登りっぷりだ。予定を尋ねると、前岳までの往復だという答えが返ってきて、年相応で賢明な選択に何だか安心した。

仙人岩と呼ばれる急坂を降りてしまうと、白水分かれの道標が見えた。右手に進めば黒《くろ》獄荘《だけそう》、左手だと白泉荘へと降りてゆくらしい。山を降りてからも男池駐車場まで徒歩なので、少しでも距離を詰められる白泉荘へと進む。ひと歩きで道はなだらかになり、やがて舗装路と建物が見えてきて白泉荘に降り着いた。

高塚山の山頂と比べると、この辺りとの標高差は800mほどだろうが、気温差が結構あってやっぱり暑い。水道をお借りして、周りに人の目の無いのを幸いに、上半身裸になって汗を拭わせてもらう。ついでに冷たい水で喉を潤してから歩き始めた。

曲がりくねった県道は、男池を水源の一つとする阿蘇野川に寄り添うように伸びていて、木陰に入るとひんやりと冷たい空気が溜まっているような所があったり、強い日射しの下でも時折涼しい風が吹いたりして、意外に快適だ。

道端にはテンナンショウ類のムサシアブミがいくつも生えていて、艶やかな葉を繁らせている。そして気になることに、それに少しだけ似た感じの、大きなウバユリもあちこちに生えているのだ。

実は以前からコオニユリやタカサゴユリなどの鱗茎、いわゆるユリ根を興味本位で食べたりしていたのだが、このウバユリは日頃見かけることはなく、もちろん食べてみる機会もなかった。当然興味津々なのだが、山で見かけるものは採るのを躊躇われるし、花が咲いている時季でないと分かり辛いので、私にはそれなりにハードルが高かったのだ。

しかし、ここに生えているウバユリは道端の雑草のような体裁で、無造作に人知れず生えている。少し心が痛むが好奇心には勝てず、蕾のついた大きな個体を慎重に引き抜いてみた。

初めてみるウバユリの鱗茎は、子供の拳ほどもある大きなもので、少し黄味がかった乳白色だ。本当は調理して味わいたいところだが待てるはずもなく、近くの用水路の水で綺麗に洗ってから口に入れてみた。

ムカゴのようなとろみとしゃくしゃくとした歯応えが面白い。少し青臭いもののコクと苦味があってなかなか美味しい。ご飯に炊き込んでホクホクのやつを頂きたいですな。

県道を行き交うクルマのドライバー達は皆、まさに道端で道草を食っている私に怪訝そうな視線を浴びせて通り過ぎていく。子供ならともかく、50過ぎのオヂさんなんだもの、無理もないか。

余ったユリの根をザックに入れると、黒岳に何やらお土産を貰ったような気分になって嬉しい。足取りも軽く、歩くこと数分で朝の男池園地駐車場に到着した。

時間は午後1時半。予定より少し早かったが、思っていたよりも歩き応えのある道のりだった。祖母、傾山系とはまたひと味違った森の風情を楽しむことができた。花の季節や紅葉の時季にはさぞかし綺麗な森なのだろう。

今回も充分楽しかったが、次回は季節を変えて登ってみたいものだ。

帰りはクルマの中から、くじゅう山群を眺めながら帰るとしよう。

充足感をたっぷり感じられるくらい、歩き応えのある楽しい山行だった。

5年越しの杉ヶ越コース　傾山

もう11月になろうかというのに、朝晩の冷えこみがない。半月前に刈り取った稲からはまた芽が伸びてきて、まるで田植え後のように青々としている。妙に暖かい雨の日が多く、秋天は一向に高くならないまま季節感の薄い日々が続いている。

去年のこの時期は黒金尾根から祖母山へ登り、鮮やかな秋色の森を堪能したのだが、今年は例年のような紅葉を楽しめるかどうか……。

今回は久しぶりに傾山に登ってみよう。

宮崎県日之影町の杉ヶ越トンネルから、北西へと延びる尾根をたどる杉ヶ越コースにチャレンジしようと思う。そして山頂を踏んだ後はのんびりと九折越までの尾根道を遊歩して、夜は山小屋泊まりと洒落込もう。翌日は見立林道を散策しながら県道まで歩き、杉ヶ越へと戻るつもりだ。

歩行時間は合わせて12時間、距離は25～30km程だろうか。2日かけてゆっくりと歩いてみたい。

朝はいつもより少し遅いスタートとなった。国道326号線を南下して、途中から日之影町へと向かう県道6号線へ進み、杉ヶ越トンネルに着いたのは7時過ぎだ。

身支度を済ませて、7時半ちょうどに歩き始める。

このトンネルの宮崎県側登山口には、5年前の春に初めて山に登ろうと、傾山の見立登山口を訪れた際にバイクで立ち寄ったことがある。

そのとき、この登山口に設置されている「ここから登るのは危険なので初心者は見立から」との看板に、少なからず怖じ気づいたのを思い出して、少し懐かしく感じた。当時と比べても私の山歩きの実力が大きく増したとは思えないが、それなりに慣れてきたのは確かだろう。今でも一人で入山するときには緊張するが、不安よりも森を歩ける歓びや、道すがらの出会いに対する期待感のほうが大きくなっている。

人工林の中をひと登りすると杉園大明神の鳥居があり、その下で道は左右に分かれる。右手には以前歩いた事のある新百姓山への道が、そして左にはこれから向かう傾山への道が延びている。

この杉ヶ越ルートはアップダウンが激しい上にハシゴ場も多く、危険な箇所がいくつもあるらしい。その代わり、歩き始めから山頂まで、ずっと尾根筋を巡るという道は歩き応えがあり、景色も素晴らしいと聞いている。ただ残念なことに、天気は昨日までの雨を引きずっていてあまり芳しくはない。おそらく途中からはガスの中での登りになるだろうが、天候は徐々に回復してきているのでそれで良しとしよう。

小社に道中の安全祈願をして、北へ向かって歩き始める。しばらく杉小立ちの中を進み、途中から県境の尾根へと踏み跡は続く。尾根伝いに広がる自然林の緩やかな登りは心地よく身体を暖めてくれ、小屋泊仕様の10㎏ほどの荷物もあまり気にならなくなってきた。

湿った森のあちこちに、様々な色や形のキノコが生えている。中には食べられそうなものもあるが、以前毒キノコのツキヨタケを食べそうになったこともあることだし、鑑賞だけにしておいた方が無難だな。

やはり紅葉はまだまだなのか、赤みを帯びた葉は少なく、代わりに所々にあるシロモジの黄葉が綺麗だ。足下には30～40㎝ほどもあるホオノキの落葉が目をひく。

緩やかな道も1時間ほどで終わり、しだいに勾配がきつくなってくる。さらに30分ほど歩くと少し見晴らしの良い場所に出た。これから登ってゆく山頂へと続く尾根がガスの向こうに垣間見える。少し先には岩稜が見えていて、確かに歩き応えがありそうだ。

西に目を向けると、傾山や笠松山の支谷尾根の向こうに、くっきりと又耳の山が見える。本谷山の南側尾根筋にある二ツ岳だろうが、垂れ込める雲に囲まれて浮かんだように見える二つの尖った山頂が印象的だ。

歩き出してから2時間半ほどで最初のハシゴ場が現れた。ここは難なくやり過ごして先に進むが、これからが大変だ。少し進んだと思うとすぐにハシゴが現れて、岩稜の上り下りが続く。大岩の基部を巻いたり登ったりを繰り返すが、一向に標高は上がらないのだ。せっかく登ったのにすぐにまた基部まで降りて、次の岩を登るという何ともせつない山歩きだ。

さらに、濡れた岩場は滑りやすくて神経を使う。特に下りは不安定な姿勢で通過せざるを得ないようなところもあって、確かに歩き応えとスリルのあるルートだと納得した。いくつものハシゴを上ったり下りたりして、やっと普通に歩けるようになり、やれやれと思っていたら前方に何やら看板が立っている。

「この先危ないですから十分注意して登山しましょう」って、ちょっと待ってくれ、今までも十分危険だったぞ。

結構歩いてきたと思ったが、ここの標高はまだ1200mにも満たない。これからさらに400m以上は登らないといけないのに、登り始めてから既に3時間が過ぎている。この調子では山頂に着くのはいつのことやらわかったものじゃない。

ただ、今日は焦る理由も急ぐ必要もないのだ。それにこの道を引き返すことさえしなくてもいいのだと思うと正直嬉しい。暗くなるまでに九折越に着きさえすればいいのだから、気楽といえば気楽なものだ。ペースはあまり気にしないことにして、「安全第一、安全第一」と呪文のように唱えながら、危ないというエリアへと進んで行く。

ここから先も岩稜を登ったり降りたりの連続で、ハシゴ場も次から次へと現れる。途中には祖母山や大障子岩でも見かけるシコクママコナが花をつけており、例年なら９月中頃が見ごろらしいので、やはり今年は秋の深まりが遅いのだろう。

気の抜けない道が続き、いくらか疲れも感じるようになってきて、ハシゴに取りつく際に手で握るところや下りてからの足の置き場なども慎重に選んで進んでいく。

ところで、山歩きをしていればちょっとした難所は至る所に現れる。その際、何人もの登山者が決まって手を伸ばす木の根や岩の出っ張りがあり、そこだけ磨いたようになっていることも多い。足の置き場や向きもほぼ同じで、踏み跡を忠実にたどるのが無難だということも、ここ数年の山歩きの中で覚えた。

そしてこの杉ヶ越ルートにも、あちらこちらに数多くの先達が残してくれた握り跡があるのだ。

実はこの春に知人が亡くなった。

彼はもともと同じ会社の同僚で、定年を迎えてからも65歳になるまで勤めて退職され、その後は趣味の登山とご自身所有の山林の手入れなどをしながら悠々自適の日々を過ごしているとのことだった。

ところが、先般その山林作業中の事故で帰らぬ人となってしまった。

彼は同じ趣味を持つ先輩として、山歩きの魅力を色々と語ってくれていた。とりわけ祖母～傾山から大崩山までの山が好きだったようで、藪こぎしながら山頂を目指す時のわくわく感を嬉しそうに話してくれたりしたものだ。

そんな彼が幾度となく私に勧めてくれたのが、この傾山の杉ヶ越ルートだった。「登り応えはあっち、景色はいいいし、岩場は凄えし、いっぺん行っちみらんせ」

当時の私は山歩きを始めたばかりで、到底ひとりで行けるとは思えず、「そのうちに……」といつも言葉を濁していたものだが、葬儀の最後に「今年は杉ヶ越に行ってみる」と約束してからお別れをしたのだ。

そして今こうして歩いていると、彼も掴まったであろう木の根や枝、岩のアタマやハシゴの縁などを触りたどる行為が、なんとなく追悼になるような気がして、ことさらゆっくり丁寧に歩いてみたというわけだ。

先ほどの看板から１時間半ほど歩くと下山者向けの同じような看板が立っていて、やっと危険な場所は過ぎたようでホッとする。ただ、標高はほとんど稼げていなくて、ここからが本当の登りなのかと思うとなんとも言えない気分だな。

木立や藪の中を這うようにしながら、後傾までの急登を１時間歩き続けて、九折越コースとの分岐点に出た。あとは後傾のピークを越え30分で山頂へ到着。

友人と登ったのを含めると、４度目の傾山山頂だ。

さすがにもう感動はしないが、何か懐かしいような気分だ。学生時代に県外から実家へ２年ぶりに帰省したときのような感じ。よく知っている景色だが、細かい所が記憶と少し違っていたりする。

それでもそこら辺を歩き回ると、「そうそう、こうだったよな」と目の前にある岩や木の配置やバランスが記憶と重なってきて、その時々にあった出来事も思い出してくるのだ。

山頂を独り占めにして遅い昼食をとっていると、私と同世代くらいの男性二人が登ってこられた。鹿児島と宮崎の方で、日帰りで坊主尾根ルートからとのこと。

彼らに聞かれたので、私が九折小屋で泊まることを伝えると、「あそこはデルんですよねぇ」と笑っていた。たしか、私の若い友人も先日そんな話をしていたなぁ。

まっ、私はどちらでも構わないけれど。でもどうせ出るんなら若い女性の幽霊がいい。むさいおじさん幽霊はゴメンだな。

身体が冷えないうちに九折小屋を目指して歩きだす。杉ヶ越コース登りの標準タイムは4時間ほどだが、なんと私は5時間20分もかかってしまった。たしかにいつもよりザックは少し重かったし、ペースもゆっくりだったけれど、思った以上に手強かったなぁ。

後傾を降りて縦走路を西へと進む。初めて山に登り、ひとりで歩いた尾根がこの道だったし、森の核心部にふれているような気分になれることもあって、樹木に囲まれたなだらかなこの尾根道は大好きだ。

ただ、ブナやナラの類は既に葉を落としていて、シロモジの黄色い葉だけが鮮やかなのだが、少し気になることがある。

どの木もそこそこ大きいが、大木と呼べるような木が少ないことと、幼木が全くないことがとても不自然に感じるのだ。

海釣りをしていた頃、ある特定の魚の絶対数が減ると良型が釣れなくなり、同じ種類の魚でも、より小さいものしか釣れなくなってしまうと聞いたことがあるが、この森は大型も小型もなくて、言わば中型ばかりの森なのだ。

尾根筋は風当たりも強い上に、干ばつの影響もダイレクトだろうし、雷の影響とかも考えられるので、大木が育ちにくいのはなんとなく納得がいくが、幼木が育たないのはなぜだろう。まさか鹿が食べ尽くす訳でもなかろうに。

本当にまさかとは思っていたのだが、答えは歩いているとすぐに解った。

少し進んでセンゲンと呼ばれる平坦地になると、大分県側のかなりの広さに動物除けのネットが張られていて、そのネットの中は様々な樹木の幼木でいっぱいなのだ。背丈はそれほどではないものの、ほとんど藪の状態と言っていい。そのかわりネットの外側は下草刈りが終わったばかりの庭園のように何も生えていない。そのギャップは異常だ。

少し尾根から外れた場所でもやはり同じ様子で、ネットの外側には何もない。

これはどう考えても健全な森の姿ではないだろうし、このままではいけないと感じた。以前訪れた五葉岳周辺の尾根でも同じような光景を見たことがある。毒があるアセビばかりが目立って、他の照葉樹の幼木はほとんど生えていなかった。

たしかに鹿はよく見かけるようになってきた。最近では自宅の周辺でも、鳴き声を聞いたり、姿を見る機会が増えている。ほんの5年程前は珍しいとは言えないまでも、まだまだ山の中以外で出会すこともほとんど無かったのに。

この広範囲に生えた幼木のほぼ全てを食べ尽くしてしまう鹿とは、いったいどれ程の数なのだろうか。そしてなぜこの数年で急に数が増えたのだろうか。そして、そもそも本当

に鹿だけの仕業なのだろうか。

ところでよく考えてみると、初めての傾山登山の際には、既にこの防獣ネットは設置されていた。その後友人と登った際にもここを歩いているので、当然同じ光景を見ているはずなのに、特に何かを感じたり考えたという記憶はない。当時は、自然に関わる知識や興味がまだ薄くて気にも止めなかったのだろうが、最近は景色や風景だけではなく、他人の活動の痕跡や人の作業跡、その意図や効果なども凄く気になるのだ。


実は昨年の夏に、大分県自然観察連絡協議会の会長さんから「自然公園指導員」をしないかとのお誘いを頂いた。突然のことで、何のことかよくわからなかったが、とりあえず即諾してから後で調べてみた。

早い話、県内の国立公園や国定公園に出かけて、施設や設置物、公園環境の状況等を見回り、異常や気づきがあれば県や国に報告するというもの。稀には利用者の指導をするような場面もあるとのことだが、ちょっとおせっかいな自然好きのおじさんくらいの立ち位置らしい。

もちろん私は、余程のことでなければ他人様のすることに口をはさむつもりはサラサラないし、自分の山歩きのついでに見てこようかくらいの感覚だ。ただ、自分が自然公園指導員だと意識するようになって、これまでの自分本位な視点だけで眺めていた景色を、他の人達にとってはどう映るかや、後の世代のためにはなどと、想像したり考えたりするようになってきたのは確かだ。役にたてるかどうかは別としても……。

そんな話はさておき、鹿たちの食欲と仕業に畏れと疑問を抱きながらも、歩くこと数分で九折越しに到着した。

樹木が切り払われて広々としたこの場所は、傾山だけでなく笠松山や本谷山への尾根道の始点となるため、登山シーズンにはいくつものテントが並ぶテント場だが、今日はなぜか人っ子ひとりいない。広い空間には青々とした苔が広がっていて独特な景観だ。

時間は午後4時前。少し早いが九折越小屋へ入って今夜の寝支度を済ます。小屋の中には他に人はおらず、いつものようにひとりぼっちだ。

まだまだ明るいが特にすることもないので、持ってきた安物のペットボトルのワインを取り出して晩酌を始めた。本当はこれが一番の楽しみだったりして……。

ワインの良いところは常温で美味しく飲めることと、ほぼ何でもアテにできてしまうところだ。ご飯を食べながらでも呑めてしまう。

あっという間にボトルを飲み干して、とてもいい気分で寝袋に潜り込む。変な来客がないことを祈りながら、7時には夢の中だった。

朝は4時に目が覚めた。夜中には風で揺れる木の枝が、カサカサ、コリコリと屋根を撫でて不気味な音を立てていたが、幸いお客は現れなかったようだ。

真っ暗な小屋の中、ヘッドライトの灯りで朝食をとり、熱いコーヒーで身体を温める。気温は3℃と、町中とは10℃以上の差がありさすがに少し寒い。

荷物をまとめて身支度を済ませ、外に出たのは6時半。明るくはなって来たものの、まわりは何も見えないくらいの濃い霧に包まれている。少し離れた所で物音がして目をこらすと、立派な角を持つ雄鹿だ。霧の中に浮かぶ、逞しい体躯の野生動物との幻想的ともいえる出会いを、素直に喜べないのがなんとも哀しい。

九折越の広場に出ると少し視界も効くようになってきた。広場の南側に見慣れない木が立っていて、ヤマナシと書いた名札が巻かれている。梨と言うからには実がなっていないかと探してみたが、残念ながら落ちているものすら見つけられなかった。

何となくこの場を立ち去るのが名残惜しくて、1時間ほどうろうろしていたのだが、7時半に見立登山口に向かって歩き始める。

途中でカエデやミズナラなどの葉が綺麗に紅葉していて、ヒメシャラの赤い木肌とツガの葉の緑色などとのコントラストが絶妙で、ここに来てやっと秋の深まりを感じ取ることができたような気がした。

この辺りの木々にもそれぞれ名札が掛けられており、いちいち気になって確認しながら歩くものだからなかなか歩は進まない。

それでも30分ほどで林道に出て、少しペースも上げて歩く。それにしても、今日はとても天気が良くて時期的にも申し分ないはずなのに、他の登山者と全く会わないのが不思議だ。秋の傾山は人気が無いのか、林道途中に1台だけ車中泊していそうな車が止まっていたものの、それっきりだ。

もしかすると、この見立登山口からのコースは所要時間が往復でも3時間ほどしかかからないので、朝がこんなに早い必要がないのかもしれない。

突然頭上で、ギーギーギーと大きな鳴き声がした。林道脇の大きな杉のてっぺんで、お世辞にも美声とはいえない濁声を張り上げて鳴いているのはカケスだ。全体的に褐色で一見目立たないが、良く見ると羽根の一部がコバルトブルーの美しい鳥で、山の中でこの羽を見つけるととても嬉しいものだ。

しばらくすると、前方から2台の四輪駆動車がやってくる。道の端に避けてやり過ごしたが、こちらを見たドライバーの訝しげな顔と言ったら！

確かに私の歩いている方向はこれから登ろうとしている彼等とは逆だし、この時間なので無理もないのかもしれないが、まるで不審者を見るような怪訝な表情だった。

その後も6台のクルマとすれ違って、そのうちの3人のドライバーが話かけてきた。どなたも「どこから来てどこまで行きますか?」と口を揃えたように聞くので、「杉ヶ越トンネルから傾山経由で杉ヶ越トンネルまで」と答えると、皆さん一様に驚いてくれた。でも、実は距離にしたら普通の日帰り登山に毛が生えたくらいの距離でしかないのに、たぶん私はどや顔だったのだろうな。

林道を歩いているとはいえ標高は1000mほどあり、時折見える景色はなかなかのもので退屈することはない。また、重機で切り取られた斜面には様々な植物が生えていて興味深い。林道脇の手が届くほどの高さに、真っ赤に色づいた小さな実を細い枝いっぱいにつけているガマズミという木を見つけた。その実は見た目も美しいが、食べられることを知っている人は少ない。そして意外に旨いことも。

平地では晩秋まで実をつけていて、赤黒いくらいに熟れた実は、強い酸味とほのかな甘みがあって、疲れたときにはとても美味しく感じる。もちろん栽培されたどんな果物よりも、遥かに儚《はかな》くほのかな味わいだけど。まぁ、もともと小鳥の食べ物だし。

枝先の、実がたくさん付いた小枝を折り取って食べながら歩いていると、見覚えのある風景と小さな橋が現れ、九折越から歩くこと2時間半で県道6号線に行き当たった。

県道に出てからは、くねくねと曲がっている細い舗装路を淡々と歩いて、1時間ほどで杉ヶ越トンネルに到着。２日間の楽しい山歩きは終了した。

祖母山などで見るような圧倒的な紅葉の広がりや、晩秋の季節感を感じることはできなかったものの、やはり秋の山歩きは素晴らしく快適で楽しかった。唯々森の中を歩くだけのことだけれど、当分はやめられそうにない。

楽しいだけではなく、森の維持や管理のあり方についても考えさせられるような充実した山行だった。私にも、いずれは何らかの形で森の保全や育成に関わるような活動ができるといいけれど……。

これからも地元の山々を歩き回ることで、新たな興味の対象を探したり、何かを感じ考えて、次なる行動を起こすきっかけにできれば、私にとってそれ以上のことはないだろうな。

楽しい２日間だった。満足だ。

あとがき

浅い知識と稚拙な文章で書き綴った拙文を、最後までお読み頂きましてありがとうございました。

ひょんなことから山歩きを始めて、自然観察や自然保護活動などにも関心を持つようになり、それまでよりも広く深く、地元大分の素晴らしい自然環境と関われるようになったことを嬉しく思うと同時に、出逢った全ての方々に感謝しています。

山で出逢った諸兄姉、植物研究会の諸先輩方、また日本自然保護協会の講師の方々に加え、自然観察指導員の先輩方や観察会の仲間のみなさんとの語らいがとても楽しく、常に心を豊かにしてもらっているように感じています。

他人様に自慢できるような経験や見識があるわけでも、登山家やアスリートでもない中年男が、ただ山を歩くだけという刺激の少ないお話しでしたが、私自身がそうであったように、今現在「山なんか興味ねぇよ」とか「サクラとチューリップとヒマワリ以外はただの花だろ」とか「スギとヒノキってどこが違うん?」とか「鳥はカラスとハトとスズメとニワトリくらい? あっ、カモもいたな」くらいの人にこそ読んで欲しいのです。

私たちを取り巻く、普通でありきたりの自然環境の中で、少しばかりの知識とちょっとした注意力や想像力を持って、興味という自分の周波数をあわせれば、いくらでも面白く、意味深い自然からのメッセージを聞き取れそうだということを伝えたかったのです。

そしてもし、身の回りにある自然の声が聞こえたなら、ぜひあなたの住むお近くの自然観察会へ足を運んで欲しいと思います。素晴らしく優しい、見識豊かな自然観察指導員の方々がお待ちしています。私もそうであったように、あなたの心を静かにそして深く満たしてくれると確信しています。

また、今年の7月には、関係者のご努力によって、祖母・傾・大崩山系周辺地域が、ユネスコエコパークに登録されました。エコパークの理念の一つ、「生態系の保存など自然環境に配慮しながら、人間社会との共生を持続的に図っていく」という取り組みは、今後なお一層重要になっていくでしょう。

そして、本文中でもふれた鹿の食害については、私がぼんやりと考えていたよりもはるかに深刻で危機的な状況のようなのです。採食の場所を選ばずどこにでも出没するうえ、これまでは不食であったり、忌避していたような植物までをもやがては食い尽くし、生態系の根本を破壊し、森を壊滅的な状況にまで追い込んでしまう可能性が強く懸念されています。

さらに、一度破壊された森が完全に元の姿に戻ることはほぼ不可能で、植生を変化させたうえで回復するしかなく、その期間も100年近くの年月を要すると言われています。これは決して大袈裟な話ではなく、すでにヨーロッパでは現実の話になっているそうです。もし、あなたが大分の山や森に少しでも興味を感じたなら、まずは一度、祖母・傾の縦走路を歩いてみることをお勧めします。必ずや、あなたの心の琴線に触れる何かがあることでしょう。

なお、本文は山行後に日記のように綴ったものですが、書き上げるまでに数週間かかったものもあります。よって、記憶違いがあったり、事実と異なる事柄もあるかもしれません。また、私が登ってから既に数年経過した記録が大半であることを思えば、これからの山行のガイド本としての使用は危険ですのでおやめ下さい。

そして、本文に由来する如何なる事故やトラブルにも、筆者および発行者は責任をおいかねますのでご了承下さい。

実際の登山日は次の通りです。

・Prologue
２０１０年　９月４日・９月11日

・初めての登山　傾山
２０１１年　４月17日

・ハマった　祖母山　２０１１年　４月４日
・神々の　古祖母山　２０１１年　６月４日
・痛かった　新百姓山　２０１１年　６月25日
・マムシの　藤河内渓谷　２０１１年　８月28日
・飛んだら大変　障子岳　２０１１年　10月16日
・雪遊び　本谷山　２０１２年　１月22日
・別府番外編　２０１２年　１月29日
・なんちゃって　笠松山　２０１２年　３月10日

・神のみぞ知る　五葉岳　２０１２年　４月７日
・春はアケボノ　笠松山　本谷山　２０１２年　５月４日
・出直しといで　大障子岩　２０１２年　５月27日
・マイナールート？　傾山　２０１２年　７月29日
・月夜の　鹿納山　２０１２年　９月23日
・大分県民として　祖母山　２０１２年　10月14日
・歩き三昧　三俣山　２０１２年　10月28日
・誰か止めて　由布岳　２０１３年　２月17日

・チャレンジ　プチ縦走
　　　　２０１３年　４月14日
・憧れの　大崩山
　　　　２０１３年　５月４日
・もう一度　由布岳
　　　　２０１４年　６月14日
・リベンジ　大障子岩
　　　　２０１４年　９月14日
・麗しの　祝子川渓谷
　　　　２０１５年　４月26日・５月22日
・待ちわびた　黒岳
　　　　２０１６年　６月26日
・５年越しの杉ヶ越コース　傾山
　　　　２０１６年　10月29日

また、大分県内において、毎月同じ場所で定期的に開催される自然観察会の主なものは次の通りです。（敬称略）飛び入り大歓迎ですので、ぜひご参加ください。

おおいた県民の森自然観察会

主催者　渡辺政治
開催地　県民の森　管理事務所前集合
開催日　毎月第一日曜日　午前十時から十二時まで

上野の森の文化と自然を伝える会
主催者　足立高行
開催地　大分市上野の森　宝戒寺駐車場集合
開催日　毎月第四日曜日　午前十時から十二時まで

高尾山ウオッチングクラブ
主催者　嶺　孝典
開催地　高尾山自然公園　第三駐車場集合
開催日　毎月第二日曜日　午前十時から十二時まで

下半田里山観察会
主催者　下半田里山観察会グループ　後藤勝彦
開催地　下半田の里山　（後藤宅に集合）
開催日　毎月第二日曜日　午前十時から十二時まで

陣屋自然観察会
主催者　三ヶ田雅敏
開催地　由布市挾間町　陣屋の村キャンプ場駐車場集合
開催日　毎月第二土曜日　午前十時から十二時まで

他にも不定期開催のものや場所を変えながらの観察会も行っています。詳しくは以下へお問い合わせ下さい。
自然観察会についてのご要望やお問い合わせ先
大分県自然観察連絡協議会　HP　oitasizen.web.fc2.com

最後になりましたが、出版にあたりご尽力くださった北方新社の工藤慶子さん、担当の齋藤真砂子さんに厚く御礼申し上げます。

また、専門的な興味深い数々のお話で自然観察や自然保護の世界へといざなってくれた、日本自然保護協会の講師を務められ、NPO法人おおいた生物多様性保全センター代表でもある足立高行さん、そして本企画に賛同して頂き、本文に関しても的確なアドバイスをしてくださった大分県自然観察連絡協議会の渡辺政治さん、誠にありがとうございました。

2017年　7月　筆者

著者プロフィール
齋藤義信（さいとう・よしのぶ）

1965 年　大分県生まれ
中京大学　文学部　心理学科卒
臼杵市在住　会社員

日本自然保護協会　自然観察指導員
自然公園指導員　（環境省委嘱）
大分県自然観察連絡協議会　会員
大分県植物研究会　会員

YaYa!　歩くオヂさん
祖母・傾・大崩山～悠久の森を歩こう～

2017年9月1日　初版第1刷発行
著　者　齋藤義信
発　行　北方新社
青森県弘前市富田町52
TEL　0172-36-2821
FAX　0172-32-4251
印刷・製本　小野印刷所
ISBN 978-4-89297-241-6

落丁・乱丁の際はお取り替え致します。